DEUX CENTS ANS DE MISSIONS

(1727 - 1927)

PROCURE DES SŒURS DE SAINT-PAUL

5, Rue Saint-Jacques

CHARTRES (Eure-et-Loir)

LES SŒURS
DE SAINT-PAUL DE CHARTRES
Enseignantes, Hospitalières, Missionnaires

DEUX CENTS ANS DE MISSIONS

(1727 - 1927)

PROCURE DES SŒURS DE SAINT-PAUL

5, RUE SAINT-JACQUES

CHARTRES (EURE-ET-LOIR)

LETTRE

de S. G. Mgr Harscouët, Évêque de Chartres
à la T. R. Mère Supérieure Générale

Ma Révérende Mère,

Le beau prix de langue française, que vient de vous décerner l'Académie, a dignement souligné déjà le deuxième centenaire de l'apostolique dévouement de votre Communauté dans les Missions. Vous voulez plus encore, vous demandez à toutes les Supérieures de vos Maisons de consacrer une journée spéciale à l'action de grâces pour remercier le Maître de la Moisson et au souvenir des vaillantes Missionnaires tombées au champ d'honneur. Comment ne pas encourager et bénir un si généreux dessein !

Pour faciliter la réalisation de votre projet, vous avez fait imprimer un petit volume qui, brièvement sans doute, mais avec beaucoup d'intérêt cependant, raconte la belle et féconde histoire de ces deux cents ans. Je vous en félicite et je souhaite que ce travail, largement répandu, en la faisant connaître et dès lors aimer, gagne à votre famille religieuse de nombreuses et courageuses jeunes filles.

Que ce vœu, avec ma bénédiction, vous soit à vous et à toute votre Communauté, une nouvelle preuve de ma paternelle affection.

† Raoul,
évêque de Chartres.

Congr.ᵗⁿ des Sœurs de St.-Paul de Chartres. { Province d'Europe ; Provinces des Pays de Mission :

AVANT-PROPOS

*Les Sœurs de Saint-Paul de Chartres célèbrent, en 1927, le
deux centième anniversaire de leur départ aux Missions. Elles
sont d'ailleurs parmi les toutes premières missionnaires, n'ayant
été devancées, semble-t-il, que par les Ursulines et des Hospitalières de Dieppe parties ensemble pour Québec en 1639.*

*A l'occasion de ce glorieux bi-centenaire, l'Académie fran-
çaise a voulu attribuer à la vaillante Communauté Chartraine
une de ses plus hautes récompenses, le prix de langue française.
Ce que l'Académie entend surtout reconnaître et honorer par ce
beau geste, ce sont les services que les Sœurs de Saint-Paul ont
rendus, pendant ces deux siècles, à la cause française à l'étranger, plus spécialement par la diffusion de notre langue.*

*La présente brochure voudrait donner au moins une idée de
cette longue période de vie missionnaire faite de dévouement,
d'abnégation, disons le mot, d'héroïsme au service des plus saintes
entreprises que peut inspirer la charité.*

*Les faits racontés, et plus d'une fois les termes eux-mêmes,
sont empruntés à l'Histoire générale de la Communauté des
Filles de Saint-Paul de Chartres, en 4 volumes, de M. le cha-
noine Vaudon. Ouvrage considérable par l'intérêt si large que
l'auteur a su lui communiquer, et remarquablement écrit, car
M. Vaudon est un maître de la plume (1). C'est à cet ouvrage
qu'il faudra recourir pour avoir, avec l'histoire proprement dite
de la Communauté, les importants développements que l'auteur
a donnés aux événements ici très brièvement résumés.*

*Puissent ces simples pages faire naître en quelques-uns le
goût d'en savoir plus et, s'il plaît à Dieu, susciter à l'Église et
aux Filles de Saint-Paul de Chartres qui le méritent bien quelques
apôtres de plus.*

(1) *Ami du clergé*, 31 août 1922...; *Revue des Jeunes*, 25 avril 1923,
sous la signature de G. Goyau, etc.

DEUX CENTS ANS DE MISSIONS
(1727-1927)

Origines des Sœurs de Saint-Paul de Chartres

La Congrégation des Sœurs de Saint-Paul de Chartres a été fondée en 1694, dans une toute petite paroisse de la Beauce, Levesville-la-Chenard, à vingt-cinq kilomètres de Chartres (dont elle dépendait canoniquement), par le modeste et digne curé du lieu, M. l'abbé Chauvet. Les débuts de cet Institut sont pleins d'humilité et de charme.

Son premier objet fut de pourvoir à l'instruction des enfants, à l'instruction et à l'initiation ménagère des jeunes filles, alors tous fort abandonnés; et le second fut de visiter les malades, d'assister les malheureux non moins délaissés et nombreux.

Saint Vincent de Paul avait donné l'exemple en fondant les Filles de la Charité; d'autres l'imitent de divers côtés pour répondre à des besoins locaux semblables et également pressants. Le premier nom des nouvelles religieuses est celui de Filles de l'École.

En 1708, l'évêque de Chartres, Mgr Paul Godet des Marets, les appelle en sa ville épiscopale et leur donne son nom. Désormais leur patron est saint Paul l'Apôtre, et leur titre officiel est celui de Filles de Saint-Paul de Chartres. Dès 1704, elles commencent à essaimer, d'abord auprès, puis de plus en plus loin.

Suivons-les dans ce qui fait l'objet de ce travail, les Missions.

Maison-Mère à Chartres.

CHAPITRE PREMIER

La Guyane française.

1. — Cayenne. Le Camp Saint-Denis.

Le 16 mars 1727, M. de Maurepas, ministre de la Marine, après plusieurs essais infructueux faits ailleurs, sollicitait de Mgr de Mérinville, alors évêque de Chartres, quatre Filles de Saint-Paul pour aller tenir l'Hôpital de Cayenne et instruire les enfants des officiers et des habitants de l'île.

Grand émoi, on le devine, dans la jeune Communauté. L'appel du ministre ouvrait des perspectives si nouvelles ! Alors, en effet, les religieuses n'allaient pas aux Missions, et, jusqu'à l'initiative de M. Vincent, on ne les comprenait même pas autrement que cloîtrées. Presque toutes demandant à partir et l'événement étant solennel, on fit une retraite à l'issue de laquelle furent désignées les quatre premières missionnaires.

Et le 23 mai suivant, elles quittaient sur *Le Dromadaire* la douce terre de France pour débarquer, le 10 septembre, à Cayenne où elles étaient reçues avec grande curiosité par la population de toutes couleurs.

Plus tard, le nombre des Sœurs fut porté à six, puis à huit. On sait peu de choses sur la période qui va de 1727 à la Révolution, les archives de la Maison-Mère ayant péri dans la tourmente. Mais on sait, par contre, que pendant la Terreur, elles reçurent et soignèrent les déportés de la Convention — parmi lesquels des conventionnels en disgrâce — dont plusieurs ont écrit, sur les dignes Hospitalières, des pages émues d'admiration et de reconnaissance, tel Mgr de Beauregard, le futur évêque d'Orléans.

Complètement dissoute et ruinée par la Révolution, la Congrégation des Sœurs de Saint-Paul de Chartres fut restaurée en 1802, sur l'ordre de Bonaparte, premier consul, et par les soins du préfet d'Eure-et-Loir, M. de Laître, qui acheta pour les Sœurs l'ancien couvent des Dominicains où elles sont encore. Avec la vie renaissante, les Missions allaient reprendre. Après l'île Bourbon qui recevait, en 1814, les premiers renforts, c'était, en 1817, Cayenne qui voyait revenir cinq Hospitalières de Saint-Paul. Nous disons revenir, car, en 1808, la ville étant tombée aux mains des Portugais (elle nous fut rendue, en 1814, par le traité de Paris), les Sœurs refusèrent de servir sous un gouvernement étranger et décidèrent de rentrer en France. Elles n'étaient d'ailleurs plus que trois. Sur ces entrefaites, une mourut, une préféra rester dans Cayenne, une seule s'embarqua donc pour Chartres.

En 1821, l'École de Cayenne passa aux Sœurs de Saint-Joseph de Cluny.

Or, en 1836, la municipalité de Cayenne fondait au Camp Saint-Denis, à un kilomètre de la ville, un Asile destiné à recevoir les esclaves Noirs vieillis et infirmes, et les enfants des Noirs appartenant au domaine colonial. Deux Sœurs de Saint-Paul, venues de Chartres à cet effet, en prennent la direction (1838). Le Camp Saint-Denis est alors constitué par une vaste plaine marécageuse très malsaine et inculte. Se faisant aider comme elles peuvent, les Sœurs se mettent à débroussailler, dessécher, puis cultiver, planter, en même temps qu'elles instruisent les enfants et soignent les malades. Quand la fièvre les tient trop fort, elles vont se faire soigner par leurs compagnes de l'Hôpital. Le 15 août 1843, la supérieure reçoit une médaille d'or, hommage rendu à son incroyable activité et à sa remarquable intelligence de colonisatrice. Mais l'établissement s'accroît en même temps qu'il s'améliore; aussi, en 1848, on y compte quatre Sœurs.

Dans cette même année, sous le supériorat de Sœur Macarie, a lieu l'émancipation des Noirs qui apporte une profonde perturbation dans la colonie et au Camp Saint-Denis. Les Noirs retirent leurs enfants de l'Asile où il ne reste plus que des orphelins, des malades, des vieillards, tous incapables de gagner leur vie et dont le nombre augmente dans des proportions effrayantes. Car les propriétaires d'esclaves ne veulent plus désormais se charger des impotents ni des malades; ils les amènent de toutes parts au Camp autour duquel, plus d'une fois, ils les abandonnent à la faveur de la nuit, à peine couverts de haillons. L'administration de l'Hôpital refuse de secourir ces malheureux, et Sœur Macarie doit faire de nombreux appels à la charité privée. Il en sera ainsi jusqu'en 1850, date où l'Asile du Camp Saint-Denis devient une succursale de l'Hospice civil de Cayenne pour infirmes et vieillards sans moyens d'existence. On y installe à cet effet douze cases avec 124 lits et le matériel nécessaire.

Encouragées par le vicaire apostolique, Mgr Dossat, les Sœurs reçoivent aussi des élèves Noirs externes auxquels elles apprennent à travailler. Tâche ardue, car le Noir regarde le travail manuel comme une marque d'esclavage. Cependant, dès 1850, on compte 96 élèves. On fait la classe, et entre temps on travaille manuellement. Les garçons continuent le déboisement, s'emploient aux plantations, au labourage, au jardinage. Les filles apprennent les travaux de ménage. Le gouverneur vint en personne présider la distribution des prix qui consistèrent, pour les garçons, en houes, bêches..., pour les filles, en ciseaux, fers à repasser... le tout gracieusement décoré. C'est l'enseignement professionnel et agricole joint à l'instruction primaire et religieuse. Le ministre de la Marine et des Colonies qui a appris ces heureuses initiatives fait écrire à la Supérieure une lettre très élogieuse dans laquelle il dit entre autres choses : « C'est là un fait propre à la Guyane et que je vais signaler dans les autres colonies comme un exemple à méditer et à suivre. » En 1852, le *Journal officiel de Cayenne* donna un récit détaillé de la distribution des prix, plus solennelle encore, cette année-là, car elle se fit en présence des officiers de tous les corps et des musiciens de l'infanterie de Marine. Une médaille d'or fut offerte, à cette occasion, à Sœur Macarie.

En 1841, une épidémie de variole fait dans Cayenne un grand nombre de victimes. Les Sœurs émeuvent tout le monde par leur dévouement. L'une d'elles, Sœur Zacharie, reste enfermée avec les varioleux pendant six semaines sans les vouloir quitter ni de jour ni de nuit. Une médaille d'or lui est dans la suite attribuée.

En 1851, la fièvre jaune, à peu près inconnue à Cayenne, apparaît à son tour. L'Hôpital militaire est si rempli qu'on doit évacuer la gendarmerie et la transformer en Hôpital de secours. Le gouverneur, les deux médecins succombent. Le fléau fait de tels ravages que la démoralisation se met dans les rangs des soldats de l'infanterie de Marine. Le gouverneur intérimaire, M. Vidal de Lingendes, par un ordre du jour du 14 janvier 1851, doit les rappeler à la confiance. La plupart des Sœurs sont atteintes et Sœur Zacharie meurt. Cinq médailles d'or rappelleront leur héroïque labeur. « Quand la stupeur et l'effroi s'étaient emparés des plus fermes courages, vous avez été la providence de tous, dignes Filles de Saint-Paul. Vous avez bien mérité de l'humanité », leur dit l'Ordonnateur Reisser.

De nouveaux ravages sont causés par la fièvre jaune en 1855. Dès le début l'Hôpital est débordé, et nombreux sont les morts; on en compte parfois vingt par jour. Un Hôpital flottant est alors établi sur des pontons faits de vieux navires démâtés, et 150 malades, que viennent soigner trois Sœurs, y sont installés. La Sœur cuisinière a pour tout local un coin du pont où elle travaille, quand il pleut, le parapluie ouvert. La fièvre gagne d'ailleurs les pontons et la Sœur cuisinière est rapidement emportée, ainsi que le seront bientôt quatre de ses compagnes de l'Hôpital, plus deux autres dans les Pénitenciers.

Et la vie continue avec des alternatives d'accalmie et d'épidémies variées qui font chaque fois des victimes en nombre plus ou moins grand.

2. — LES PÉNITENCIERS.

Le 12 novembre 1850, le Prince Louis Napoléon, Président de la République, annonçait dans un message à la France que les 6.000 condamnés qui étaient enfermés dans les bagnes de Rochefort, de Brest et de Toulon, où ils grevaient lourdement le budget et se dépravaient de plus en plus, allaient être employés à la colonisation. Ils seront les premiers à bénéficier de cette mesure : on en fera des colons. C'est la « déportation volontaire » ou transportation que règle le décret du 27 mars 1852. La colonie choisie est la Guyane. Gagnés par les promesses, trois mille forçats se font inscrire pour ce nouveau genre de vie qu'on leur annonce si beau.

Dès le 22 janvier 1852, des Sœurs de Saint-Paul de Chartres ont été demandées à la Maison-Mère par dépêche ministérielle, en vue d'être attachées aux nouveaux Pénitenciers. Des Pères Jésuites assureront le service religieux, car on entend faire œuvre moralisatrice. Et le 2 mai, douze Sœurs de Saint-Paul, venues directement de France, débarquaient à Cayenne.

Le premier convoi de transportés — ils sont 630 — aborde lui-même, le 20 mai, à l'île Royale, une des trois îles du Salut (dont les deux autres sont Saint-Joseph et l'île du Diable). C'est dans cette île enchanteresse et meurtrière, — mais on l'ignorait alors — que les forçats séjourneront d'abord pour s'acclimater au soleil de la Guyane. Ravis par la merveilleuse nature qu'ils ont sous les yeux, ils préparent avec ardeur le terrain où s'élèvent bientôt, également par leurs soins, leur établissement, l'Hôpital et la maison des Sœurs. Le 9 juin, quatre de ces dernières sont enfin ramenées de Cayenne, où elles se morfondaient, dans l'île Royale. La besogne les attend, car déjà 150 malades sont à l'Hôpital (une simple baraque), et huit tombes ont été creusées au cimetière. Et comme si ce n'était pas assez des fléaux naturels, le gouverneur de la Guyane, Sarda-Garriga, gêne le plus qu'il peut l'exercice de la religion et le dévouement des Sœurs auxquelles il dispute même la nourriture et dont il va jusqu'à décacheter les lettres. On finira plus tard par se rendre compte de son despotisme dont les forçats sont les premières victimes, et il sera rappelé.

Une cinquième religieuse, Sœur Symphorose, arrive en mai 1853, mais pour mourir quelques mois après, le 11 novembre, à trente-trois ans, première victime de l'œuvre de la Transportation. Son corps repose au milieu des transportés qui, reconnaissants, lui ont élevé un monument.

Vers la fin de 1852, douze cents forçats ont déjà été répartis entre l'île Royale, Saint-Joseph et l'Ilet-la-Mère (îlot situé au delà des îles du Salut). En octobre, des Sœurs sont envoyées

dans ce dernier Pénitencier pour prendre la direction de
l'Hôpital, car les infirmiers — des transportés — volent les
portions des malades ou les achètent à vil prix et les revendent
à qui a faim; ou encore ils guettent et même avancent la
mort des hospitalisés pour les dépouiller.

Il n'y a pas de Sœurs à Saint-Joseph, parce qu'il n'y a pas
d'Hôpital. Les malades sont transférés à l'île Royale.

En 1853, départ de Chartres, à la demande du ministre
de la Marine et des Colonies, de sept nouvelles Hospitalières
pour les Pénitenciers. L'une d'elles meurt en mer, à vingt-
cinq ans. Comme il n'y a pas de prêtre, le commandant
récite lui-même le *De profundis* et le *Miserere* avant que soit
immergé le corps.

Mais les îles ne suffisent plus à contenir les transportés
qui arrivent toujours. Il faut établir des Pénitenciers sur la
Grande-Terre. Le premier endroit choisi par Sarda-Garriga
est la Montagne d'Argent, à trente lieues à l'est de Cayenne,
à l'embouchure de l'Oyapock. C'est une presqu'île reliée au
continent par un marais immense, aux exhalaisons très dangereuses. Vers la fin de 1852, deux cents transportés y sont
jetés pêle-mêle en des carbets de fortune. Six semaines après,
vingt-trois sont déjà morts. Sous prétexte de permettre à qui
le veut de se fonder un foyer, le gouverneur fait venir onze
négresses. Des scènes scandaleuses et sanglantes se passent
à leur sujet entre les forçats. On est obligé de renvoyer ces
femmes. Le 25 février suivant, arrive heureusement comme
gouverneur de la Guyane le contre-amiral Fourichon,
tandis que s'enfuyait Sarda-Garriga, destitué. Tout de suite,
il visite l'archipel du Salut et la Montagne d'Argent où il
fait élever un Hôpital; le 1er avril 1854, cinq Sœurs de Saint-
Paul en prennent la direction (1).

A une dizaine de lieues de l'embouchure de l'Oyapock, sur
le bord du fleuve, le gouverneur fonde un nouveau Péni-

---

(1) Sous le nom d'Hôpital, il faut toujours entendre, dans les Pénitenciers, un double bâtiment (en planches, comme sont toutes les habitations), l'un pour les soldats et les coloniaux malades, l'autre pour les
transportés. Ils sont proches l'un de l'autre et également desservis par
les Sœurs.

tencier auquel il donne le nom de Saint-Georges. Mais au bout de six mois, sur les 180 transportés blancs qui y avaient été amenés, 90 étaient morts. Ayant acquis la conviction que la colonisation par la race blanche était impossible en Guyane, l'amiral Fourichon demanda à être relevé de ses fonctions. Un ancien gouverneur de Taïti, le capitaine Bonard, qui avait été relevé de ses fonctions pour ses colères insensées, le remplaçait, le 29 janvier 1854. On revint aux plus mauvais jours d'autrefois. Son premier acte fut de supprimer l'allocation des Sœurs attachées aux Pénitenciers. Il faudra une intervention auprès du ministre de la Marine pour qu'elle leur soit rendue. Puis le régime pour les transportés devient tel, en raison de son inhumanité, que nombreuses sont les évasions, d'ailleurs sans issue et toujours suivies de représailles indignes; nombreux aussi les suicides.

En cette année 1854, un nouveau centre de Pénitenciers est créé à la Comté, sur la rivière l'Oyac qui coule au sud de Cayenne. Le premier est établi à Cacao, à la lisière d'une forêt vierge. (Ce lieu jadis habité avait été abandonné à cause de son insalubrité.) C'est le Pénitencier Sainte-Marie dont quatre Sœurs de Saint-Paul viennent tenir l'Hôpital en 1856. Entre temps, 1855, le capitaine Bonard était rentré en France. Il fut remplacé par l'amiral Baudin, homme plein de foi et animé de pensées généreuses.

Un second Pénitencier, Saint-Augustin, est établi à la Comté, non loin de Sainte-Marie, pour les libérés. Le paysage en est magnifique mais très malsain. La fièvre y exerce de grands ravages. Aussi quelle joie à la vue de six Sœurs débarquant de l'*Oyapock*! Le commandant Jusselain a consigné de leur arrivée le touchant souvenir dans son journal de route. Une Sœur, dans une lettre à la Maison-Mère, après avoir raconté ce qu'est la vie au Pénitencier, ajoute : « Voilà les roses de la Guyane ! Je m'estime heureuse d'avoir été choisie pour les cueillir. » .

Ces deux Pénitenciers, enfin reconnus non colonisables, seront évacués en 1859. Le commandant Jusselain a écrit à leur sujet : « Nous ne bâtissons que des nécropoles. » Avant de partir, les Sœurs feront une dernière visite au cimetière qui est situé entre les deux établissements et dans lequel douze cents tombes ont été creusées en si peu de temps.

Un troisième groupe de Pénitenciers est fondé, en 1858, sur le fleuve Maroni qui fait au nord-ouest la limite de la Guyane française. Le premier est un Pénitencier agricole, Saint-Laurent, à 7 kilomètres de l'embouchure du fleuve. Il doit recevoir de cinq à six cents transportés auxquels on distribuera des terres. L'amiral Baudin a dit aux premiers arrivés : « Défrichez, bâtissez pour vous et votre future famille; le Maroni devient votre Patrie. » Hélas ! pour beaucoup, leur patrie c'est vite l'hôpital et le cimetière. Il règne là de singulières maladies : un insecte, le macqua ou chique des sables fait un trou profond dans la chair et y dépose ses œufs qu'il faut retirer, sous peine de grave infection, à la pointe du couteau; une petite mouche s'introduit sans bourdonnement, donc à l'improviste, dans le nez ou les oreilles de l'homme endormi, déterminant la méningocéphalite aux crises terribles, souvent mortelles. Fréquente aussi est l'ophtalmie : les yeux enflent tout à coup et la douleur devient cruelle. Mais surtout il y a la fièvre jaune et la dysenterie, là comme dans toute la Guyane et les Antilles.

Trois religieuses arrivent à Saint-Laurent vers la mi-septembre 1858. « Leur venue a épanoui les cœurs et les visages, et tous les yeux ont été heureux de reconnaître le costume vénéré des Sœurs de Saint-Paul », dit une lettre de l'aumônier, le R. P. Jardinier. Elles sont du reste bientôt atteintes comme les autres, surtout d'ophtalmie. Alors un planton militaire les conduit par la main près des malades pour qu'elles s'occupent d'eux quand même. En 1859, une épidémie de coliques sèches fait des victimes nombreuses, parmi lesquelles une Hospitalière, Sœur Denis.

Un Pénitencier pour les femmes est organisé, en 1859, non loin de celui des hommes. Les Sœurs de Saint-Joseph de Cluny en ont obtenu la direction; mais il n'y a pas d'Hôpital et les malades sont amenées à Saint-Laurent et soignées dans un baraquement spécial par les Sœurs de Saint-Paul. Ces transportées, des jeunes filles pour la plupart, arrivent avec l'intention d'entrer en ménage. Le transporté qui veut se marier peut venir les voir dans la galerie des Sœurs et sous leurs yeux. S'ils se plaisent, le mariage a lieu. Mgr Dossat bénit la première de ces unions en présence des autorités.

En septembre 1859, à 4 kilomètres de Saint-Laurent, ouverture du Pénitencier Saint-Louis, dont quatre Filles de Saint-Paul viennent, au commencement de l'année suivante, assurer les services hospitaliers.

Dans les années 1865 et 1866, d'autres établissements sont installés le long du Maroni, plus près de la côte. Les malades — ils sont nombreux — sont amenés par la canonnière à l'Hôpital de Saint-Laurent.

A ce moment, le Gouvernement décide qu'on ne fondera plus de postes de déportation en Guyane, mais en Nouvelle-Calédonie. Peu à peu la plupart des établissements pénitenciers disparaissent. En 1874, il n'en reste plus que six, trois sur le Maroni : Saint-Laurent, Saint-Maurice et Saint-Pierre; un à Ilet-la-Mère, un aux îles du Salut, un à Cayenne. Les Sœurs y soignent toujours les malades.

Cependant, en 1888, on rouvre, au Maroni, le Pénitencier Saint-Jean (fermé depuis vingt ans), pour les relégués. Ces derniers sont non de grands criminels, mais des récidivistes du vol. Quatre Sœurs arrivent de Chartres pour se mettre à leur service; mais dès leur débarquement à Cayenne, deux sont saisies violemment par la fièvre jaune. Les deux autres sont dirigées de suite sur Saint-Laurent afin de les soustraire à la contagion. Mais peu de jours après leur arrivée, elles y contractent à leur tour le mal et meurent.

C'est que les épidémies qui s'abattent sur un point de la Guyane, sur Cayenne par exemple, s'étendent souvent à la colonie entière. Ainsi la fièvre jaune de 1855, qui cause tant de ravages à Cayenne, fait de nombreuses victimes à l'Ilet-la-Mère. Le médecin-chef puis le second y passent; il n'en reste plus pour soigner les malades. Le commandant décide que, provisoirement, Sœur Claudine les remplacera. Pendant trois semaines, elle fait les visites et prescrit les remèdes, accompagnée par le commandant qui se charge de l'exécution des ordonnances. En 1860, dans cette même île, meurt, à vingt-neuf ans, Sœur Romaine Réveillac, si bien douée et si aimée que les forçats demanderont comme un honneur et obtiendront de porter son corps pendant la moitié du trajet, les militaires faisant le reste.

On le voit, si la vie était dure pour les transportés et dangereuse pour tous les Blancs, fonctionnaires ou autres, elle n'était pas douce pour les Sœurs, quelque volontaires qu'elles fussent de la charité. Dure, leur existence l'était en raison du climat, de l'éloignement des centres, de la pauvreté parfois très grande et prolongée qui en résultait; en raison aussi de certaines inintelligences qui, si elles furent rares, semble-t-il, n'en avaient pas moins de pénibles conséquences. En voici un exemple que nous ne citons d'ailleurs que parce qu'il donne en même temps un aperçu original de la vie des Sœurs dans un coin de la colonie. Il est extrait d'une lettre écrite, en juin 1856, par la supérieure de l'île Royale où se trouve, on se le rappelle, l'Hôpital des îles du Salut : « Peines et contrariétés ne diminuent pas. Elles viennent à nous comme l'eau à la mer. Le nouveau commandant a fait transporter l'Hôpital au milieu du camp, c'est-à-dire à cinq cents mètres au moins de la cuisine des malades, et sans fermeture ni entourage, en sorte que cuisine, buanderie, Hôpital, forment les trois extrémités de l'île. Jugez des fatigues de notre service ! Vous savez que les Sœurs sont obligées d'être deux toutes les nuits pour faire le quart, et le tour de chacune revient toutes les quatre nuits, plus souvent même à cause de celles qui sont souffrantes. Sœur Julia Texier et Sœur Sainte-Foi Vigier n'iront pas loin, si la fièvre jaune continue. Bien ou mal portantes, il n'en faut pas moins parcourir toutes les rues pour aller faire ces rondes nocturnes. A ce propos, figurez-vous six cases différentes, formant quatre rues, entourées de toutes celles des forçats, et deux pauvres filles trottant dans la nuit. Elles sont, il est vrai, accompagnées de la sentinelle qui les garantit contre la peur, mais non pas contre le vent qui souffle furieux sur la pointe du rocher, au milieu de la mer, ni contre la pluie et la boue, dans la saison mauvaise qui est celle de la Guyane les deux tiers de l'année. Cette époque est très pénible; cependant elle est préférable au temps de la sécheresse où nous sommes réduites à n'avoir que de l'eau salée pour

faire la cuisine, pour boire et laver le linge. Ce genre de misère
est bien préjudiciable à la santé et nous oblige aux plus grandes
privations. Il ne serait pas difficile d'y remédier, si on voulait,
car, dans la saison des pluies, il tombe tant d'eau que, si on
construisait des citernes, on n'en manquerait jamais. L'autorité se réserve celles en fer qui sont envoyées de France et,
dans la crainte de manquer d'eau douce, nous en refuse.
Nous partageons donc les détresses de nos malheureux déportés, souvent réduites nous-mêmes à refuser l'eau nécessaire
à étancher la soif de nos pauvres malades. Dieu sait ce que
nous souffrons. Et si j'entrais dans le détail de nos souffrances
physiques et morales, un volume ne suffirait pas. Voilà quatre
ans que je suis au bagne; je vous assure que vos filles n'y sont
pas heureuses tous les jours !... Mais, par bonheur, Dieu est
là. C'est pour sa gloire que nous travaillons et souffrons. Heureusement encore, nous avons pour nous encourager à porter
notre croix et pour nous guider dans la voie douloureuse où
le Christ a voulu marcher le premier, l'exemple et le zèle des
Pères Jésuites. Il semble donc que Dieu veuille nous dédom-
mager de nos misères par ce surcroît de grâces auxquelles chacune d'entre nous fait effort pour répondre généreusement. »

Par ailleurs, si les Sœurs étaient à peu près universelle-
ment respectées et aimées par les forçats, défendues par eux
à l'occasion, il va sans dire qu'elles n'en assistaient pas moins
souvent à des scènes violentes, sanglantes, parfois à de vrais
meurtres, et qu'elles se trouvèrent elles-mêmes plus d'une
fois en danger. En voici deux exemples entre plusieurs.

En 1863, aux îles du Salut, un forçat nommé Hubert, infir-
mier habile mais jaloux, a pris en haine la Sœur de la salle,
Sœur Philéas, parce qu'il s'imagine qu'elle ne fait plus attention à lui. Il a décidé de la tuer. Et un jour il lui lance, à trois
mètres, deux pierres à la tête. « C'est aujourd'hui que je
t'écrase », rugit-il. Et il se précipite sur elle pour l'achever.
Mais il est lui-même terrassé par ses camarades qui veulent
l'écharper. Bien qu'étourdie et tout en sang, la Sœur crie et
supplie : ne le tuez pas ! Le misérable avait déjà subi trois
condamnations pour trois assassinats, dont celui de sa tante
à qui il avait arraché les yeux avec les dents d'une four-

chette. Il est condamné à mort. Les Sœurs sont épouvantées. Mère Macarie, de concert avec toutes ses compagnes, rédige de suite une supplique pressante et extrêmement touchante au gouverneur, le conjurant de donner sa grâce au malheureux; à aucun prix elles ne veulent qu'un transporté meure à cause d'elles.

Le Conseil privé décida de surseoir à l'exécution et d'envoyer la lettre à Napoléon III qui renvoya la grâce demandée.

Vers le même temps, à l'Hôpital de Cayenne, Sœur Placide est assommée d'un coup de barre de fer par un parricide jaloux. Elle en fut à ce point ébranlée dans sa santé qu'elle dut retourner à la Maison-Mère pour y décéder peu après dans de grandes souffrances, offrant sa vie pour son bourreau. Celui-ci, malgré la nouvelle et très ardente supplique des Sœurs, fut exécuté. Il mourut du reste plein de repentir, heureux, déclara-t-il sur l'échafaud, de donner sa vie en expiation de ses crimes.

Certes, tous les forçats ne l'imitaient pas sur ce dernier point. Les Sœurs eurent aussi la douleur d'en voir mourir dans l'impénitence finale. Aux suprêmes avertissements de Sœur Perpétue (qui passa trente-deux ans dans les Pénitenciers), un criminel endurci, sur le point de trépasser, répondait : « Je sais qu'il y a un enfer et je veux y aller. » Heureusement c'étaient là, il faut le dire, des exceptions. Le dévouement, la bonté maternelle, la dignité de vie des Sœurs, touchaient plus d'un condamné. De belles transformations s'opéraient souvent dans les âmes. Tel le cas de ce transporté de la Montagne d'Argent, qui était si haineux et méchant que, même à l'Hôpital, on devait l'attacher sur son lit. Il était par ailleurs couvert d'affreux ulcères et de gangrène. Or, la Sœur du service le pansa, neuf mois durant, avec une si inlassable patience qu'il fut vaincu par tant de charité et se convertit. « De cette hyène, disait l'aumônier, les Sœurs ont su faire un chrétien. » N'est-il pas touchant aussi le mot de ce transporté qui se mourait au Camp Saint-Denis et disait, parlant de la digne religieuse qui l'avait ramené à Dieu : « Je suis content, car je vais rejoindre Sœur Élisabeth qui était si bonne et qui m'a converti. »

Hôpital libre. — Cayenne.

Mais si la vie des Sœurs était faite, ainsi qu'on le peut imaginer facilement, de beaucoup d'abnégation, il faut dire que c'est de grand cœur et d'ailleurs librement qu'elles l'acceptaient, soutenues par tout ce qui peut soutenir une religieuse, par leur amour de Dieu, par l'amour de leurs frères aux misères desquels elles avaient voué leur vie, par les divines espérances de l'Au-delà — qui ne leur faisaient pas oublier les chers souvenirs laissés au pays natal. Une lettre de l'une d'elles, écrite d'Ilet-la-Mère, nous représente les Sœurs, dans la promenade qu'elles s'accordaient chaque dimanche autour de l'île — elles en faisaient le tour en moins d'une heure — s'arrêtant chaque fois à un même endroit de la côte, face à la France, et chantant un doux cantique :

> Quand te verrai-je, ô ma belle Patrie !

La Patrie, pour elles, c'était sans doute celle qui les avait vues naître, et qu'elles n'espéraient plus guère revoir; c'était surtout celle dont savent le prix plus que tous autres les exilés volontaires pour l'amour de Jésus-Christ, le Paradis, juste récompense, en vérité, de vies si admirablement, si saintement remplies.

*
* *

Comment le pourra-t-on croire? En 1904, tous les établissements de la Guyane — l'Hôpital militaire que les Sœurs desservaient depuis cent soixante-dix-sept ans, le Camp Saint-Denis qu'elles avaient défriché il y avait cent soixante-six ans, les Pénitenciers où elles partageaient pour ainsi dire, depuis cinquante-deux ans, les privations et les misères des transportés — étaient laïcisés. Ce qui signifie qu'après avoir été demandées, maintenues, souvent décorées (sept médailles encore en 1902) par tous les Gouvernements qui s'étaient succédé de 1727 à 1904, elles étaient maintenant, au nom de lois nouvelles que ceux qui souffrent ne comprendront jamais, arrachées, le cœur meurtri, à cette terre de la Guyane qu'au nom de la loi éternelle de la Charité, elles avaient arrosée de leurs sueurs et qui restait jalonnée de tant de tombes de leurs héroïques compagnes. Rien que de 1851 à 1903, quarante-cinq y étaient tombées au champ d'honneur de la charité la plus inépuisable, la plus désintéressée (1).

On voudrait pouvoir s'arrêter sur quelques-unes de ces morts, toutes semblables, il est vrai, par la générosité et la sérénité devant le sacrifice suprême. Un souvenir seulement. Sœur Azélie, la cuisinière des pontons de Cayenne, enlevée en trois jours, lors de la fièvre jaune de 1855, embrasse une dernière fois ses compagnes et leur dit, dans un sourire qui n'est plus de ce monde : « Adieu, mes Sœurs ! A vous la terre, à moi le Ciel ! » Quelques heures après, en effet, la Patrie des belles âmes comme la sienne s'ouvrait pour la recevoir.

Aujourd'hui les Filles de Saint-Paul de Chartres n'ont plus en Guyane, à Cayenne même, qu'un Hôpital libre, dernier témoin de deux siècles de la vie la plus intense, au long desquels elles ont dépensé une somme inouïe de générosité.

(1) En raison des progrès de la colonisation, les épidémies ont, aujourd'hui, beaucoup diminué de fréquence et d'intensité, tant en Guyane qu'aux Antilles. Par ailleurs, les mesures préventives et curatives maintenant employées permettent heureusement, à l'occasion, de triompher efficacement du mal. Le lourd tribut que les Filles de Saint-Paul, en travaillant pour l'Église et la France, ont payé, dans ces contrées surtout, à toutes les maladies, n'en reste pas moins à jamais à leur gloire.

Négresses de Cayenne.

CHAPITRE II

L'île de France et l'île Bourbon.

1. — ILE DE FRANCE.

Dès les années 1740, 1741, il y avait eu à l'île de France (aujourd'hui l'île Maurice, devenue anglaise), des Sœurs de Saint-Thomas de Villeneuve qui tenaient les hôpitaux. Mais elles s'étaient retirées en 1768. A la requête du commandant Dumas, gouverneur général des deux îles, le ministre de la Marine, après avoir essayé sans succès auprès d'une autre Congrégation, demande des Sœurs de Saint-Paul de Chartres. Six s'embarquent le 11 avril 1770, à Lorient, sur le *Penthièvre*, et abordent à Port-Louis, le 4 septembre. Vers cette époque, on compte dans l'île de France un peu de plus 3.000 colons. Les habitants appartiennent à toutes les races de l'océan Indien. Il y a en particulier des Noirs esclaves importés par la traite; car l'esclavage règne encore dans cette contrée et les malheureux sont très maltraités. Réveillés, le matin, par trois coups de fouet, ils travaillent presque nus sous le soleil. A la moindre négligence, au moindre oubli, le sang coule... En 1865, une loi de protection réduit à trente le nombre des coups; mais seuls l'observent les maîtres moins inhumains.

Les Sœurs sont, on le comprend, les bienvenues dans un tel milieu où elles soignent en particulier les Noirs et leur parlent de Dieu. En septembre 1771, quatre autres religieuses viennent renforcer les premières.

2. — ILE BOURBON.

En 1776, plusieurs Filles de Saint-Paul débarquent également dans l'île Bourbon (aujourd'hui la Réunion) pour y prendre la direction de l'Hôpital. Le bien à faire ne manque pas, là non plus, car l'île comprend, outre 4.500 Blancs, 60.000 Noirs. En 1814, huit autres Sœurs partent de Chartres pour la même destination.

Mais, en 1826, les Filles de Saint-Paul de Chartres devaient se retirer, des deux îles, devant les Sœurs de Saint-Joseph de Cluny.

Statue de la Vierge
de l'église de Levesville-la-Chenard.

CHAPITRE III

La Martinique.

Le 22 août 1817, le ministre de l'Intérieur, Laîné, réclamait à Chartres, au nom du Département de la Marine, douze Filles de Saint-Paul pour soigner nos soldats dans les Hôpitaux de la Martinique. Les quatre premières partent en novembre de cette même année; les autres, dans les années qui suivent. Deux meurent dès 1818. Une autre, en 1819, est emportée de la petite vérole devant le bateau qu'elle doit prendre; et de ses compagnes qui se sont embarquées, une meurt à peine arrivée. En 1820, les Sœurs présentes à la Martinique se trouvent ainsi réparties : sept à l'Hôpital militaire de Fort-Royal (depuis Fort-de-France), cinq à celui de Saint-Pierre. Quatre meurent en 1821; et plusieurs autres, par suite des fatigues continuelles et des maladies, sont obligées de rentrer en France. C'est que les épidémies les plus diverses et les plus redoutables s'abattent successivement et parfois simultanément sur la colonie. Ainsi, en 1825, sévissent à la fois variole, dysenterie aiguë, hépatie, fièvre typhoïde. Les Sœurs tombent les unes après les autres; bientôt il n'en reste plus qu'une valide au milieu de 300 malades.

Dans les années 1838-1839, la fièvre jaune, qui règne presque à l'état endémique, fait cinq victimes parmi les Hospitalières. De plus, en 1839, un très violent tremblement de terre détruit à peu près complètement Fort-de-France. Le vaste Hôpital, qui peut contenir quatre cents personnes, s'écroule. Quarante-trois malades et cinq Sœurs ont disparu sous les décombres. L'une d'elles, Sœur Aurélie, est restée ensevelie cinq heures avec un malade dans ses bras qu'elle avait voulu sauver. Pendant six semaines, elle traînera sur un lit de douleur et sera finalement emportée par la fièvre jaune. Après une nouvelle secousse peu importante, dans la nuit du

1er au 2 août de la même année, on reconstruit en bois peu à peu la ville et des hôpitaux.

Des Sœurs de Saint-Paul sont aussi envoyées à l'Ilet-y-Ramiers où les passagers malades ou suspects des navires sont mis au régime sévère des quarantaines. Une Sœur est chargée de la surveillance et des soins, et ne peut plus communiquer elle-même avec qui que ce soit.

En 1845, trois nouveaux établissements ont été ouverts : à la Trinité, îlot dépendant de Fort-de-France; au Marin, entre Fort-de-France et Saint-Pierre; à la Pointe-du-Bout.

De 1830 à 1850, on compte près de quatre-vingts religieuses parties de Chartres pour la Martinique. Aucun appel des ministres de la Marine ou des gouverneurs n'est resté sans écho.

Citons ce trait original et émouvant. En 1849, Sœur Marie de la Croix Mauger rentre en France, épuisée. Sur le bateau, elle sent qu'elle va mourir. Effrayée à la pensée que son corps sera jeté à la mer, elle supplie les matelots de le rapatrier jusqu'à Chartres. Et eux de le lui promettre. Elle meurt, à trente et un ans. Alors, pour tenir leur difficile engagement, les matelots déposent la frêle dépouille dans le baril de rhum où ils puisaient jusque-là chaque jour une ration par eux bien appréciée. Plus d'un mois après (26 juin), grâce à leur grand acte de charité, le corps était inhumé au cimetière de Chartres.

A Fort-de-France, en 1850, un Ouvroir est organisé pour apprendre aux jeunes filles créoles la couture qu'elles ignorent à peu près complètement. On en reçoit de 60 à 80 qu'on éduque avec patience. En 1872, cette œuvre sera reconnue d'utilité publique. La Sœur qui la dirige s'ingénie en même temps à pourvoir aux besoins journaliers d'un petit Hospice de vieillards incurables.

Deux Hospices civils sont créés en 1851, l'un à Saint-Pierre, l'autre à Fort-de-France. Les besoins de la population ont beaucoup augmenté, surtout depuis le brusque affranchissement des Noirs, en 1848. Incapables, en raison de leur nature indolente et insouciante, de se conduire eux-mêmes aussi rapidement, ils sont tombés dans une grande misère, et sont des victimes toujours prêtes pour toutes les épidémies.

Pendant un semestre de 1852, rien qu'à l'Hospice de Fort-de-France, on compte, du fait de la fièvre jaune, de 70 à 100 décès par mois. Les Sœurs connaissent là un surmenage épuisant, le service médical étant encore compliqué par la surveillance incessante qu'il faut exercer sur les malades, car la fièvre les porte aux plus dangereuses excentricités. Six médailles d'or et trois mentions honorables, accordées aux Sœurs de Fort-de-France et de Saint-Pierre, diront la reconnaissance des autorités pour tant d'abnégation.

A Saint-Pierre, en 1852, les Sœurs acceptent la charge de faire la classe aux tout petits et de tenir la dépense et la lingerie dans le Séminaire-Collège que viennent de fonder les Pères du Saint-Esprit.

Dans la même ville de Saint-Pierre, en 1854, l'amiral Gueydon, ému des désordres de toutes sortes qui règnent à l'asile d'aliénés, demande et obtient deux Sœurs. Elles seront plus tard doublées. L'année 1865 est marquée par un terrible orage qui éclate la nuit. Il a fallu, dans de difficiles conditions, sauver 54 folles en les tirant d'un bâtiment qui menaçait ruine et s'écroula effectivement dès qu'elles l'eurent quitté.

En 1855, la Martinique est de nouveau endeuillée par une terrible épidémie de fièvre jaune. Quarante prêtres y trouvent la mort ainsi que de nombreux Frères de Ploërmel, et six religieuses de Saint-Paul de Chartres dont quatre n'ont pas trente ans et dont l'aînée en a quarante et un. Les marins sont également très éprouvés, ainsi, d'ailleurs, que toutes les classes de la société. Le médecin en chef du service des blessés est si frappé des horreurs qu'il voit dans la salle des fiévreux où il a voulu entrer, qu'il meurt deux jours après de saisissement. Trois religieuses sont décorées en 1858.

Un Ouvroir est commencé à Saint-Pierre en 1861. Dès 1864, on y instruit et forme à la vie ménagère 62 enfants.

De 1860 à 1864, la petite vérole sévit gravement chez les Noirs. Si hideux et dangereux est ce mal qu'on trouve difficilement de l'aide. Les Sœurs ensevelissent elles-mêmes et portent à l'amphithéâtre tous les morts.

En 1863, sont établis : au Saint-Esprit, une succursale de l'Hospice de Fort-de-France; à la Grand'Anse, un Hospice civil et militaire dépendant de Saint-Pierre. La distance de la

Grand'Anse à Saint-Pierre est de 30 kilomètres et les chemins sont impraticables. On ne peut s'y rendre qu'à cheval, ce que font les Sœurs que leur historien a raison d'appeler, dans cette occurrence, les « amazones de la charité ». Il faudrait pouvoir entrer dans le détail de leur vie hospitalière et décrire en particulier l'aspect horrible des plaies qu'elles ont à soigner, plaies rendues plus affreuses et plus graves par l'ignorance totale de l'hygiène élémentaire où sont tous les Noirs.

Les prisonniers malades étaient jusque-là reçus dans les Hôpitaux militaires. L'amiral Gueydon établit pour eux des Hospices particuliers. Celui de Fort-de-France, en 1863, est confié aux Sœurs.

Par une lettre de la supérieure de l'Hospice civil de Saint-Pierre, on sait qu'en 1890, il y a dans cet établissement deux cents malades et neuf religieuses.

Le 22 juin de cette même année 1890, un incendie épouvantable consume, à Fort-de-France, 50 hectares de terrain et 1.200 maisons dont l'Hospice. Grâce à des prodiges de dévouement, les Sœurs ont pu sauver tous leurs malades. Mais les pertes matérielles sont telles que, pendant huit ans, on devra loger dans un local provisoire dont l'incommodité sera cause de rudes fatigues et souffrances.

Le 18 août 1891, c'est le tour de Saint-Pierre. Un terrible cyclone, avec violents tremblements de terre, ravage la ville. Quatre Sœurs sont ensevelies sous les débris. Deux autres ont le même sort à la Délivrande, où l'une d'elles a été retrouvée tenant enlacée à son cou, et morte elle-même, une jeune pensionnaire. La pluie est tombée et tombe en telle abondance que les Sœurs ont sans cesse les pieds dans l'eau : plus de bas, plus de cornettes non plus. Pendant trente-six jours, elles ne peuvent se déshabiller, à peine parfois dormir, car il faut soigner les blessés, les amputés qui sont innombrables. La cuisine, les distributions aux malheureux, se font un parapluie à la main. Le cyclone, bien que plus grave à Saint-Pierre, a d'ailleurs fait des ravages dans toute la Martinique. La Visitatrice, envoyée par la Maison-Mère de Chartres, en 1893, trouve partout des ruines. A l'Hôpital de la Trinité, une soixantaine de malades, faute de lits, couchent par terre.

Mentionnons, entre beaucoup d'autres témoignages officiels rendus au zèle charitable des Sœurs, la nomination de Sœur Ursule au grade de chevalier de la Légion d'honneur, le 14 juillet 1899.

Enfin, le 8 mai 1902, avait lieu l'éruption du Mont Pelée dans laquelle vingt-huit Filles de Saint-Paul de Chartres qui se dévouaient à Saint-Pierre trouvèrent la mort, en même temps que 35.000 habitants : huit à l'Hospice colonial, six au Séminaire-Collège, deux au Lycée, cinq à l'Asile, trois à l'Hôpital militaire, quatre à l'Ouvroir où elles périrent au milieu de leur soixante-trois jeunes filles. Dans les autres maisons de l'île, on fut, pendant de longs jours, dans une angoisse indescriptible en raison de ce que l'on apprenait et en raison de ce que l'on redoutait pour soi. « Tout le monde, écrit de Fort-de-France Mère Marie-Louise, est dans la consternation et l'attente. Pour nous, nous sommes bien résignées à souffrir et à mourir comme nos chères disparues, victimes de l'obéissance et de l'amour de notre Dieu. »

* *
*

Hélas ! une épreuve pire pour elles que la mort attendait les dignes survivantes. Le 27 décembre 1903, après quatre-vingt-six ans de dévouement sans bornes au service de nos soldats et de nos marins, les Filles de Saint-Paul de Chartres étaient congédiées, au nom de lois qu'on peut bien appeler ingrates et inhumaines, des Hôpitaux militaires de la Martinique.

Le 1er mai suivant, elles devaient également quitter l'Infirmerie de la prison.

État actuel (1926). — Les Sœurs de Saint-Paul ont encore, dans cette colonie, les établissements suivants que desservent une soixantaine d'entre elles : A Fort-de-France même, un Fourneau économique enregistre chaque année plus de 20.000 distributions. Un Orphelinat-Ouvroir prospère avec 80 orphelines.

Dans le voisinage immédiat est l'Asile Béthléem. Il comprend une crèche, plus une maison de retraite pour dames âgées peu fortunées.

Sur le morne Sainte-Hélène, qui domine la ville, l'Hospice civil, datant de 1851, est toujours desservi par les Sœurs. En 1926, il a reçu près de 5.000 malades et 20 lépreux.

Un peu plus loin encore, c'est le Patronage Saint-Louis qui groupe 75 petits garçons. Il comporte aussi un cours de catéchisme pour adultes ignorants. Au lieu dit Schelcher, a été ouvert récemment un Asile de vieillards; ils sont présentement 80.

Au Marin, au Saint-Esprit, à la Trinité, à la Grand'Anse (aujourd'hui le Lorrain), aux Trois-Ilets sont des Hôpitaux et des Dispensaires. Aux Trois-Ilets, est de plus un Patronage, qui compte plus de cent jeunes filles. Les bras manquent, non le travail.

CHAPITRE IV

La Guadeloupe.

Le 9 février 1820, abordaient à la Guadeloupe, toujours à la demande du Gouvernement, douze Filles de Saint-Paul de Chartres. Six étaient destinées à l'Hôpital militaire de la Basse-Terre, six à celui de la Pointe-à-Pitre. D'autres suivront selon les besoins. On n'a pas de documents sur la vie de ces établissements jusqu'en 1825. On sait seulement, par une lettre du secrétaire d'État de la Marine et des Colonies, baron Portal (20 juin 1821), que la supérieure de la Basse-Terre est décédée le 3 décembre 1820, à vingt-sept ans. En 1825, un ouragan fait dans cette ville 382 victimes et détruit les bâtiments militaires.

Comme à la Martinique, la fièvre jaune multiplie à la Guadeloupe ses apparitions et ses ravages. En 1838 (pour ne pas parler des années précédentes), elle a éclaté d'abord à la Basse-Terre. Une des Sœurs de l'Hôpital, Sœur Zoïle, est atteinte. Guérie, elle est envoyée en convalescence aux Saintes, archipel situé au sud de la Basse-Terre. Mais là aussi l'épidémie se déclare et va prendre des proportions effrayantes. Les deux prêtres de l'archipel meurent, ainsi que le plus jeune des médecins. L'une des trois Sœurs chargées de l'Hôpital succombe également. La supérieure, prise à son tour, est isolée au bord de la mer. Sœur Zoïle reste seule. Elle est debout trente nuits et trente jours consécutifs. A ceux qui, plus tard, s'étonnent : « J'avais perdu l'habitude du sommeil, voilà tout », dira-t-elle. L'épidémie se prolongea cinq mois; après quoi Sœur Zoïle revint à la Basse-Terre où elle reçut la croix de la Légion d'honneur.

Dans les seules années 1839 et 1840, dix-huit Filles de Saint-Paul sont parties de Chartres pour les trois Hôpitaux de la Guadeloupe, car les Sœurs malades ou fatiguées sont nombreuses, et les besoins toujours plus grands.

En 1842, la fièvre jaune reprend avec violence dans toute la colonie. La Mère Principale Adélaïde écrit de la Basse-Terre à Chartres : « L'Hôpital est, dans ce moment, un théâtre d'horreur où les scènes les plus déchirantes se reproduisent tous les jours. Spectacle qui glace tout le monde et fait reculer d'effroi les plus braves. » Et deux mois après : « La fièvre jaune ne cesse de nous dévorer. C'est la Marine de l'État qui a été jusqu'à cette heure la plus horriblement démembrée. Nous venons encore de perdre l'un de ses officiers supérieurs. La mort ne cesse de rôder autour de nous. Elle nous environne de toutes parts. De toutes parts aussi tombent, sous nos yeux, les victimes. »

Le 8 février 1843, un tremblement de terre, d'une violence extrême, détruit entièrement la Pointe-à-Pitre, la « reine des Antilles ». La terre s'est entr'ouverte. Des ouvertures, sortent des jets d'eau à odeur de soufre; du sol, s'échappent des flammes bleues qui, partout à la fois, mettent le feu. Peu de personnes ont pu s'échapper. Le 16 février, Mère Adélaïde écrit que l'incendie dure toujours. On a déjà retrouvé 4.000 cadavres que les navires vont jeter à la mer et que les flots rejettent sur le rivage. On est obligé d'en faire des tas et de les brûler. Quinze cents blessés ont été transférés par mer à la Basse-Terre. Aucune Sœur n'a été tuée. Grâce à son sang-froid, Sœur Maria Moulard a pu sauver tous ses malades qui ont été portés sur des matelas, d'abord dans les cours, et de là dans les savanes. Citons Sœur Augustine Mariau qui courait à travers les rues, tenant entre ses bras un pauvre petit mousse à demi-mort. Elle cherchait une issue pour gagner le port, mais partout elle était arrêtée par le feu. Enfin, elle finit par passer et sauver son précieux fardeau.

Les Sœurs campent sous des tentes élevées sur la place de la Victoire et aident de toutes leurs forces au sauvetage. Puis on construit quelques cases en planches où l'on installe provisoirement les Hospitalières, les militaires et les marins. Une médaille d'or a été octroyée à la Supérieure.

Après ce désastre, en 1845, la fièvre jaune se déclare une fois encore dans la Pointe-à-Pitre, apportée par une frégate d'État qui l'a prise à la Basse-Terre. D'abord soignés à l'Hôpital, les marins pris par le mal sont bientôt dirigés sur le Camp-Jacob, à 6 kilomètres de la ville, où a été organisée une ambulance qui deviendra le quatrième Hôpital militaire de la Guadeloupe. De suite, le gouverneur a fait demander à Chartres, par le ministre intéressé, quatre nouvelles Hospitalières. Les deux salles débordent de malades. Presque tous les officiers et soldats, environ 500 hommes, sont atteints. Beaucoup meurent, et aussi plusieurs Sœurs. Huit autres arrivent de France, mais, trois mois après, quatre ont déjà été emportées. L'une des survivantes écrit à la Mère Générale, après la cessation du fléau : « Nous n'étions plus que sept pour faire tout le service. Nous ne tenions plus debout. La nuit, nous n'étions plus que deux pour tout l'Hôpital. Nous courions d'un malade à l'autre. L'une de ces nuits, on nous apporta trois marins à moitié morts. Ils avaient une hémorragie. On marchait dans leur sang. Parmi les malades, plusieurs étaient en proie au délire. D'autres gardaient leur connaissance et, se voyant mourir, ils nous chargeaient de leurs adieux pour leurs parents. « Ma Sœur, vous écrirez à mon « père... à ma mère... Dites bien que je meurs avec le regret « de ne pouvoir les embrasser. » D'autres, des pères de famille, nous confiaient leurs commissions pour leur femme, pour leurs enfants... C'étaient des scènes déchirantes. »

En 1848, des Hospices civils sont fondés un peu partout. Le premier a été établi dans un faubourg de la Pointe-à-Pitre. Outre des salles pour les malades, il comporte un Orphelinat et une Crèche. Les Sœurs assurent tous ces services. Un autre Hospice est ouvert à la Basse-Terre, en 1849, et confié également aux Sœurs de Saint-Paul.

A 5 kilomètres de la Pointe-à-Pitre, dans la commune des Abymes, de vieilles cases abritent quelques malheureux Nègres couverts d'ulcères, dévorés par ces pucerons des sables qu'on appelle chiques et qui déposent leurs œufs entre cuir et chair. Chaque matin, deux Sœurs de l'Hôpital de la Pointe vont, à cheval, panser leurs plaies. En 1849, un Hospice remplace les cases et reçoit les incurables des deux sexes. Mais il est pauvre et les lits manquent. Alors la Sœur Saint-Lô va couper de l'herbe où elle en trouve, car elle est rare, la fait sécher et la place sous ses malades en attendant mieux.

Un Asile d'aliénés est établi, en 1849, à la Basse-Terre. Un jour que la supérieure, Sœur Cléophas Bougrain, est assise à son bureau, un fou se précipite sur elle, un long couteau à la main, et lui crie en patois créole : « C'est aujourd'hui que je vous coupe le cou. Il faut qu'à présent même vous mouriez. » Admirable de sang-froid, la Sœur se lève tranquillement et, dans le même patois, lui répond : « Ton couteau ne coupe pas assez pour me tuer. Donne-le moi pour que je le repasse. » Et, confiant, le fou lui remet son arme.

Dans l'île de Marie-Galante, au Grand-Bourg, qui est la commune principale, est fondé, en 1853, un Hôpital militaire. On y ajoute, en 1857, un Hospice civil. Dans cette île isolée, la présence des Sœurs est particulièrement appréciée. Aussi quand il fut question, en 1901, du départ de l'une d'elles, Sœur Bathilde Gaillot, qui était là depuis vingt ans, le Dr Arnoux écrivit à la Mère principale au nom de toute la population : « Isolés de la Guadeloupe par un bras de mer que l'on ne peut traverser qu'à des jours déterminés, et plus ou moins péniblement; pourvus d'un seul médecin, les habitants de Marie-Galante doivent trouver dans les Sœurs Hospitalières des garanties sérieuses, propres à les rassurer dans les cas difficiles. Ces garanties, notre digne religieuse nous les donne. Son départ serait un malheur public... » La Sœur resta.

En 1853, des Sœurs sont appelées à gouverner l'Hôpital communal de Marigot, dans l'île Saint-Martin, à soixante lieues de la Basse-Terre. Elles y vivent comme des recluses, en raison même de l'éloignement et surtout des périls de la traversée.

Elles vont aussi, vers cette époque, dans l'île Saint-Barthélemy qui est toute proche de Saint-Martin et qui appartient à la Suède. Elles y pourvoient à l'instruction des enfants et aux soins des malades à domicile. Elles quitteront en 1857, reviendront, puis repartiront définitivement en 1881.

En 1856, la fièvre jaune s'abat encore sur la Basse-Terre. Huit Sœurs sont atteintes et quatre meurent, dont deux de

vingt-six ans qui venaient d'arriver, les deux autres de trente
et trente-trois ans. La fièvre s'est également déclarée sur la
frégate *Iphigénie*, en pleine mer. De la Basse-Terre où il
accoste, le vaisseau est envoyé sur les Saintes. Là, nuit et
jour, les Sœurs, bravant elles-mêmes le fléau, luttent contre
la mort, et consolent et préparent les mourants. Mais il faut
aller chercher le prêtre à cinq lieues de là, par mer; et souvent il arrive trop tard. « Si seulement vous pouviez nous
absoudre », disaient les matelots aux Hospitalières. Le contre-
amiral Hernoux, commandant en chef la station navale des
Antilles et du golfe de Mexique, saisi lui-même par la fièvre
et soigné par les Sœurs, voulut, guéri, aller remercier la Supérieure principale de la Basse-Terre « pour les services rendus
en de pénibles circonstances par les saintes femmes qu'on est
toujours sûr de rencontrer courageuses et dévouées partout
où il y a un malade à secourir, une souffrance à soulager ».

La Désirade est un îlot situé à six lieues de la Pointe-
à-Pitre. On n'y voit que des mornes brûlés par le soleil, une
rivière sans eau, peu ou point de végétation. Un Hospice a été
construit en 1728, mais les malades — presque tous des
lépreux — sont dans un état misérable. En 1858, quatre Filles
de Saint-Paul viennent se dévouer dans ce milieu désolé.
Elles y trouvent 120 lépreux. Le commandant de la Guadeloupe, M. Bouraud, qui visite la Désirade à la fin du siècle,
fait dans une lettre à sa fille une description très curieuse de
la vie dans l'île, et les éloges les plus vifs des Sœurs, particulièrement de la supérieure qui est là depuis trente-cinq ans
et qui vient d'être décorée de la Légion d'honneur. L'une des
Sœurs est lépreuse.

Dans l'année 1860, le maire de la Pointe-à-Pitre a installé,
non loin de l'Hospice, sur un terrain marécageux, une modeste
Crèche pour enfants dont les mères travaillent hors de leur
maison. Il la confie aux Sœurs de Saint-Paul. Elle prospère à
ce point que vingt-sept ans plus tard, quatre cents enfants
prennent leurs ébats sur un vaste terrain assaini et entouré
d'une grille. En 1884, un Orphelinat de filles est annexé à
l'Hospice. Douze ans après, une des Sœurs maîtresses en écrit :
« Cet Orphelinat ressemble à un Pensionnat qui serait en

même temps un Ouvroir. » C'est dire que cette œuvre a également connu le succès.

Dans la nuit du 6 septembre 1865, un cyclone fait de grands dégâts dans toute la Guadeloupe. Peu après, apparaît le choléra. Les Noirs, affolés, s'enfuient sur les hauteurs des mornes où ils meurent par centaines. Et l'amphithéâtre de l'Hôpital ne désemplit pas de cadavres. Les Sœurs, surmenées, sont d'une fatigue extrême. Une d'elles meurt à vingt-huit ans, le 7 décembre, en même temps qu'un jeune chirurgien de la Marine qui a vingt ans. Leurs tombes sont creusées côte à côte.

Cependant le choléra a gagné un village de la Désirade. Il est de suite consigné par la municipalité. Défense même au curé et aux religieuses d'y pénétrer. Réduits rapidement aux dernières extrémités, les malheureux habitants arrivent près du Bourg et de la léproserie en poussant des cris désespérés. La supérieure, Sœur Élise, décide, d'accord avec ses Sœurs, de leur porter secours. Pour ne pas attirer l'attention des lépreux atterrés, elle part avec une compagne par une direction opposée à celle du village, emportant tout ce dont elles peuvent l'une et l'autre se charger. Quand, de loin, les pauvres gens aperçoivent leurs cornettes blanches, ils lèvent les mains vers le ciel et pleurent d'attendrissement : « Les Sœurs ! Voilà les Sœurs ! » Mais quel spectacle s'offre aux yeux des Hospitalières ! Dans une manufacture de tafia, treize personnes sur dix-sept ont été emportées en quarante-huit heures. Dans une case, un seul petit survit à tous les siens... De retour à la léproserie, Sœur Élise raconte avec émotion ce qu'elle a vu. Les lépreux, émus à leur tour, décident qu'ils donneront la moitié de leur ration, et ils demandent à aller aider les Sœurs. Ainsi est fait. On conduit d'abord les survivants dans un endroit moins contaminé; on ramasse les cadavres en tas et on y met le feu. On brûle également les cases infectées. Pendant ce temps le choléra se déclare dans le Bourg. Le maire meurt l'un des premiers. Son remplaçant s'empresse aussitôt au secours des cholériques. Mais déjà les trois quarts de la tâche ont été faits par les soins des Sœurs et de leurs lépreux.

A l'occasion de ce fléau, des médailles de bronze furent décernées à cinq religieuses de la Guadeloupe. Il faudrait pouvoir s'arrêter longuement à citer des noms et les témoignages de la reconnaissance officielle ou populaire. Le 15 janvier 1870, M. Griffon du Belley, chef du Service de Santé, disait sur la tombe de Mère Adélaïde, supérieure principale : L'histoire de Mère Adélaïde est l'histoire même de la Guadeloupe. Cherchez la date des calamités trop nombreuses qui, depuis quarante-cinq ans, ont affligé ce pays, et cherchez la Mère : elleétait là.

La Sœur Saint-Césaire, de l'Hôpital de la Pointe-à-Pitre, a été aussi de toutes les épidémies. Le 26 octobre 1881, le médecin en chef de la Marine et chef du Service de Santé, dans une lettre au gouverneur, énumère les magnifiques états de service de cette Sœur. Il termine ainsi : « Dans cette période de vingt-deux années, marquées par quatre épidémies et deux incendies, la Sœur Saint-Césaire s'est toujours montrée aussi vaillante que modeste; elle a mis au service des malades une abnégation et un dévouement qui paraissent dignes de récompense, et j'ai l'honneur de proposer pour elle la croix de chevalier de la Légion d'honneur. » Vingt ans encore elle se dévouera aux Antilles, mais au Paradis seulement lui sera donnée sa décoration...

Depuis 1886, on avait confié aux Sœurs l'infirmerie et la lingerie du Lycée de la Pointe-à-Pitre. En 1890, Sœur Ernestine Larcher, la supérieure, est enlevée, à quarante-quatre ans, par une maladie infectieuse contractée au chevet d'un malade. Le ministre de la Marine voulut annoncer lui-même à la Supérieure Générale ce deuil imprévu. Le Proviseur dira d'elle : « Cette Sœur infiniment douce, toujours vive et alerte, était la providence de la maison. »

On sera assurément heureux d'entendre parler encore de la Désirade. Voici des nouvelles données, en 1891, par une Sœur qui travaille en cette île, Sœur Marie-Benoîte : « L'établissement n'a pas de régisseur. Sœur Élise, toujours supérieure, est chargée des écritures et du contrôle des fournisseurs. C'est la meilleure des mères... Nous avons 59 lépreux. Il y en a qui font peur à voir. Étant d'une nature un peu peureuse, pendant tout le premier mois, j'ai eu une frayeur épouvantable. Je ne pouvais me raisonner. Mais aujourd'hui j'ai tellement pris le dessus que je suis prête à devenir lépreuse si cela peut être agréable au Bon Dieu. » Mais un jour Sœur Élise, accablée par les infirmités, dut se retirer à la Basse-Terre. Les habitants de l'île pavoisèrent les rues sur son passage et l'accompagnèrent tous au rivage. « Adieu, maman à nous, disaient-ils, merci pour votre amour pour nous ! Votre visage si bon nous ne le verrons plus, mais nous en garderons toujours le souvenir. » Et tant que le vapeur fut en vue, ils agitèrent un pavillon de fortune fixé au bout d'une perche.

Le 3 avril 1897, à la Pointe-à-Pitre, un tremblement de terre qui dura plusieurs semaines, causait d'importantes ruines et faisait de nombreux morts et blessés. Le Lycée en particulier devint inhabitable. Le 20 mai, de nouvelles secousses semaient encore la panique.

Signalons, le 23 janvier 1898, à l'Hôpital militaire, la mort de Sœur Saint-Jean Vezon. Agée de soixante-dix-sept ans, elle en avait donné cinquante à la colonie, dont vingt-sept à ses chers militaires.

Le 7 août 1899, un affreux cyclone renouvelait toutes les épouvantes et causait de nombreux désastres.

*
* *

Et le 28 novembre 1903, la Mère Générale de toutes ces héroïnes était informée par le ministre des Colonies — qui entendait se conformer « aux indications très nettes données par le Parlement » — que les Sœurs Hospitalières allaient être rapatriées.

Et c'est ainsi que les Filles de Saint-Paul de Chartres quittèrent les trois Hôpitaux de la Basse-Terre, de la Pointe-à-Pitre, du Camp-Jacob. Elles durent de même, en 1904, abandonner les trois Hospices, la maison d'aliénés du Camp Jacob, le Lycée de la Pointe, la Léproserie de la Désirade. Elles eurent à subir des avanies indignes à la Pointe-à-Pitre de la part ou par le fait du député-maire Légitimus.

État actuel. — A la Pointe-à-Pitre, **deux Sœurs** s'occupent des œuvres paroissiales.

A la Basse-Terre, trois assument la charge d'un petit Dispensaire pour les enfants pauvres, la visite des malades, l'entretien de la sacristie et des autels à la cathédrale, la direction d'un Patronage de jeunes filles.

Non loin de la Basse-Terre, au Champ-d'Arbaud, paroisse du Carmel, trois Sœurs s'occupent de l'église et donnent quelques leçons. Leur maison est en même temps un lieu de repos pour les Sœurs fatiguées. C'est là aussi que les Sœurs de la Guadeloupe font leur retraite annuelle.

Également dans les environs de la Basse-Terre, au sommet du morne qui domine la ville, est l'Hospice civil de Thillac, avec six Sœurs; il reçoit, selon les années, 130, 150, 180 malades, incurables et lépreux.

Dans l'île de Marie-Galante, au Grand-Bourg, trois Sœurs tiennent un Hospice civil et un Dispensaire.

Une vue de l'Eure à Chartres.

CHAPITRE V

La Chine.

La Chine est par excellence le pays de la Sainte-Enfance dont nul n'ignore aujourd'hui l'origine et l'objet. Le droit sacré de l'enfant à la vie n'est pas connu en Chine, surtout pour les filles. Dès sa naissance, si pour une raison ou pour une autre, ses père ou mère n'en veulent pas, l'enfant est laissé dans un coin jusqu'à ce qu'il meure; et si la mort tarde trop, on l'étouffe en le plongeant dans l'eau. Après quoi le cadavre est jeté à la rivière. Parfois des trafiquantes d'enfants passent dans les maisons, recueillent les filles ainsi condamnées à mourir et les élèvent pour les louer comme domestiques ou pour d'autres profits infâmes. Devenues fillettes, si leur bonne santé fait espérer un rapport lucratif, elles sont définitivement gardées. Quant aux autres, on les emmène de nuit en barque... d'où elles ne reviennent jamais. Une femme avouera un jour aux Sœurs en avoir noyé à elle seule plus de six cents. Voilà pourquoi — sans parler d'autres œuvres qu'il avait en vue — Mgr Forcade, récemment nommé préfet apostolique d'Hong-kong, demandait, le 14 décembre 1847, aux Filles de Saint-Paul de Chartres, parmi lesquelles était sa propre sœur, quelques religieuses pour ramasser et élever les petits enfants abandonnés.

Le 17 mai 1848, quatre Sœurs de Saint-Paul, dont la sœur de Mgr Forcade, Sœur Alphonsine, s'embarquaient à Londres sur le *Sappho* pour la Chine. Elles arrivèrent à Hong-kong le 12 septembre, après quatre mois de voyage. Faute de ressources, elles s'installent dans une paillote malsaine, et n'ont pour nourriture que du riz et du poisson pourri. Cependant, dès cette fin d'année, elles recueillent 170 enfants. A l'occasion, elles les achètent : un franc par enfant abandonné qu'on leur apporte; et à qui accepte d'en élever un, elles donnent huit francs par mois. C'est la première Sainte-Enfance des Sœurs de Saint-Paul.

Trois autres Sœurs partent le 5 novembre 1848. Mais déjà Sœur Alphonsine Forcade meurt le 12 octobre 1850, à trente-sept ans. Seize jours après, une autre, Sœur Marie-Gabrielle Joubin, décède également, à trente-trois ans.

En janvier 1851, les Sœurs s'installent enfin dans une maison grande et belle, quoique simple, sise près de la mer. Outre des appartements pour les Sœurs, il y a une salle où l'on donne des leçons de français à quelques dames de la ville, puis un dortoir, un réfectoire, des classes pour les garçons; de semblables locaux sont aménagés pour les filles. Malgré tout, il meurt beaucoup d'enfants. En 1851, la Supérieure écrit que sur 6 ou 700 que l'on a déjà reçus, il n'en reste en vie que 90. C'est que la plupart sont apportés déjà mourants. Le climat est, par ailleurs, très dur pour les Sœurs. « Je me lève chaque matin aussi fatiguée que si j'avais eu un fort accès de fièvre », écrit la même; mais elle ajoute : « Douce fatigue lorsqu'on fait la volonté de Dieu et que l'on travaille pour sa gloire. »

Le 2 novembre 1853, trois autres Sœurs partent pour Hong-kong. La nouvelle supérieure, Sœur Louise, va établir une maison de repos pour les religieuses fatiguées à Macao dont le climat est excellent.

Des relations s'établissent fréquentes entre l'escadre française, commandée par l'amiral Rigault de Genouilly, et les Filles de Saint-Paul résidant à Hong-kong ou à Macao. L'amiral est très généreux et donne du travail à l'Ouvroir où il fait confectionner des chemises de flanelle pour ses équipages.

Voici un aperçu de l'Œuvre de la Sainte-Enfance pendant les huit premières années :

En 1849, on a reçu à l'Asile 170 enfants.
En 1850,   —   340   —
En 1851,   —   148   —
En 1852,   —   170   —
En 1853,   —   341   —
En 1854,   —   191   —
En 1855,   —   288   —
En 1856,   —   356   —

Tout dépend des ressources dont on dispose.

Le 10 février 1856, Sœur Louise écrit à la Mère Générale : « Nous avons une petite famille de 45 enfants au-dessus de six ans; une douzaine de petites filles d'un mois environ qui n'ont qu'un souffle de vie, et si misérables que les nourrices n'en veulent pas; de plus des agonisants dont le nombre varie tous les jours. » Ce qu'il faudrait, c'est avoir beaucoup d'argent pour payer plus cher de bonnes nourrices. Des Pères Jésuites, arrivés de France, disent après avoir visité la maison : « La France n'a pas l'idée de l'œuvre que vous faites ici, et même un grand nombre traite de fable les récits de la Sainte-Enfance. » Pour ceux et celles qui sont sur place, non, ce ne sont pas des fables, mais de douloureuses réalités !

C'est alors la guerre avec la Chine. Hong-kong ressemble parfois à un camp militaire où l'on voit des soldats de toutes armes, américains, anglais, français. La population se montre hostile. Le 15 janvier 1857, une boulangerie a vendu du pain empoisonné qui a failli coûter la vie à près de mille personnes. Pendant un ou deux jours les commerçants ont refusé de vendre aux Européens. Mais les Sœurs sont si estimées qu'on leur apporte chez elles leurs provisions. Sœur Louise continue son ministère près des malades à domicile, entrant dans toutes les maisons, allant le long des chemins ramasser les enfants abandonnés. Personne ne l'inquiète. Elle ouvre une École européenne pour les enfants étrangers, puis un Ouvroir pour les jeunes chinoises dont le travail est très apprécié. « Nos chères enfants, deviennent pour la plupart intelligentes, laborieuses et même affectionnées. Pour nous, notre joie est de les voir heureuses », écrit Sœur Louise.

En raison de la cherté de la vie, on ne peut, en 1857, recevoir que 168 enfants; 200 en 1858, grâce à l'allocation de l' « Œuvre de la Sainte-Enfance » de Paris, et au travail que fait faire l'amiral.

Le 21 juin 1859, arrive comme supérieure Sœur Benjamin, qui va prendre une si grande place dans les Œuvres d'Extrême-Orient. Sœur Louise et trois autres Sœurs rentrent en France, emmenant avec elles deux petites indigènes de huit et cinq ans auxquelles on fera grande fête à Chartres.

Crèche. — Sainte-Enfance. — Hong-Kong. — Chine.

En 1860, en raison de difficultés survenues à Hong-kong, Sœur Benjamin fonde une autre Sainte-Enfance à Macao dont le gouverneur dit aux Sœurs arrivantes : « Venez, tout Macao vous désire ». Sur cinq religieuses, trois sont emportées par le choléra, en 1863, l'une le 20 août, les deux autres le 27, à une heure et demie de distance.

Puis c'est une épidémie de petite vérole qui sévit à la Sainte-Enfance. Les païens s'attroupent pour voir ce spectacle si nouveau : des femmes, des religieuses françaises qui n'ont pas horreur des difformités, qui touchent des plaies de leurs mains, prennent dans leurs bras de pauvres créatures dont le visage est en sang. Et chacun leur amène ses propres malades.

Le 12 mai 1899, à la demande de M. Doyère, ingénieur en chef de la marine française et alors directeur de l'arsenal de Fou-tchéou, deux Sœurs (doublées l'année suivante) fondent une École européenne — le mot dit assez son objet — à Pagoda, près de Fou-tchéou. C'est l'École Sainte-Colombe. Or, près de la demeure des Sœurs, est une maison entretenue aux frais du gouvernement chinois où l'on reçoit quelques enfants du pays. Les Sœurs obtiennent de la visiter. Que découvrent-elles dans un coin obscur? De pauvres petits êtres dont le visage, les mains, les pieds sont dévorés presque entièrement par les rats et les cancrelas. Les Sœurs proposent au mandarin de se charger de ces enfants. Il leur en donne six. La Sainte-Enfance de Pagoda est fondée (décembre 1900). Mais il faut la faire connaître et faire tomber de terribles préjugés. Les Sœurs affichent à la porte, en caractères chinois, le but de cette œuvre française. Puis elles vont dans les villages, s'asseyent dans les maisons, prennent le thé, mangent les fruits qu'on leur donne, causent de leur bonheur de soulager l'infortune, réfutent les calomnies, surtout soignent les malades. A la suite de ces visites, on leur apporte des demi-douzaines d'enfants à la fois, dans de grands paniers ou dans des sacs. M. Doyère fait alors bâtir, à cinquante mètres de celui qui existe, un nouvel établissement pour les tout petits. Quatre ans après, 2.000 fillettes avaient déjà été recueillies. Parfois les malheureuses sont dans un état affreux. L'une d'elles a le visage si rongé par les bêtes qu'on trouve à peine un endroit pour la baptiser.

Une autre, enterrée vivante à fleur de terre, a été déterrée par un chien. La plupart meurent, car il est trop tard pour les sauver.

Les ressources sont surtout fournies par les orphelines de l'Ouvroir dont le travail est très apprécié des dames européennes. Cet Ouvroir a été formé primitivement avec huit orphelines chinoises envoyées aux Sœurs de Saint-Paul, à leur arrivée à Pagoda, par les Dominicaines de Fou-tchéou qui ont elles-mêmes une Sainte-Enfance. Les Sœurs de Saint-Paul recevront bientôt des fillettes de douze à quatorze ans, et les garderont jusqu'à leur mariage pour leur apprendre à travailler. La seule condition posée à qui les présente, c'est qu'elles soient libres d'être baptisées et mariées à des chrétiens. Les missionnaires indigènes trouveront là une pépinière précieuse d'épouses pour leurs néophytes.

A la Crèche, on garde seulement les enfants malades (une trentaine) et l'on met les autres en nourrice, ce qui est un lourd fardeau.

Bientôt un Dispensaire est ouvert qui soulage beaucoup de misères et étend l'influence chrétienne et française. Seuls les sorciers sont mécontents.

En 1903, quatre Sœurs sont envoyées à Long-tchéou fonder une Sainte-Enfance. Au bout de trois mois, l'une d'elles est emportée par la fièvre typhoïde. On ajoute d'autres œuvres : l'instruction des femmes catéchumènes, un Dispensaire, la formation des Vierges chrétiennes, une École française, un Hôpital indigène.

Un mot sur les Vierges chrétiennes dont il sera assez souvent fait mention dans le reste de cet ouvrage. On appelle ainsi des religieuses indigènes (elles font à peu près partout aujourd'hui les vœux de religion) qui se consacrent aux œuvres de zèle près de leurs compatriotes, surtout dans les lieux éloignés des centres, dans les campagnes où les Sœurs européennes ne pourraient s'aventurer. Elles tiennent les écoles paroissiales, du moins quand leur formation est suffisante, font le catéchisme, s'occupent de l'église... Elles sont sous l'autorité des Pères missionnaires qui les ont instituées, ou qui les instituent partout où ils le peuvent, trouvant en elles des auxiliaires très précieuses de pénétration. En plusieurs endroits leur nom est Amantes de la Croix. Cette appellation tend, semble-t-il, à se généraliser.

En 1905, trois religieuses vont à Nan-ning (100.000 h.), dans les montagnes du Kouang-si. Le voyage est long et dangereux à cause des pirates. Les Sœurs ont à s'occuper de l'instruction des enfants, de la formation des jeunes Vierges et du soin des malades. La générosité du gouverneur général de l'Indo-Chine permet, en juillet, d'établir dans cette ville un vrai Dispensaire. Seuls les lépreux ne peuvent encore être soignés. Impossible de les atteindre, car dès qu'un cas de lèpre se présente dans une famille, ses propres parents jettent à l'eau le malheureux contaminé. Aussi ceux qui peuvent se sauver se cachent loin des habitations.

La même année marque la fondation à Pak-hoï (30.000 habitants, dont 300 catholiques), d'un Hôpital français et d'une Sainte-Enfance. Notons encore des fondations charitables diverses à Ton-king, 1907; Swatow, Hoï-hao, 1911; Yun-nan-fou, 1911; Kesen, 1918.

*
* *

État actuel. — Les œuvres de la grande ville d'Hong-kong se sont tout particulièrement développées. En 1917, le P. Robert, « le grand Français d'Extrême-Orient », alors Procureur des Missions-Étrangères de Paris, les groupa dans un même immeuble, vaste et admirablement compris et installé, dont il fut lui-même l'architecte, le « maître de l'œuvre ». Ce corps de bâtiment contient la Sainte-Enfance avec sa Crèche et son Orphelinat; le Couvent des Sœurs et le Noviciat; l'Hôpital; un double Pensionnat-Externat, l'un européen, l'autre indigène; un petit Hospice pour dames âgées. A peu de distance de la ville, dans la montagne verdoyante, est aussi un Refuge (45 personnes en 1925) et une École indigène qui reçoit deux cents enfants.

Un mot seulement sur l'Hôpital. Dans la *Presse Médicale* du 8 juillet 1922, le Dr Lapicque en a publié une description détaillée et très élogieuse, faisant sien, en le rapportant le jugement du Dr Tuffier qui signalait là « le type parfait de l'hôpital moderne ». Ses trois étages sont desservis, au centre, par un ascenseur; tous les services sont reliés entre eux et avec la ville par le téléphone... Mais comment décrire ! Il faudrait des pages. Voici du moins la conclusion de M. Lapicque : « Lorsque, de passage à Hong-kong, on constate ce que la valeur d'un seul des nôtres, s'appuyant sur le dévouement de quelques représentantes d'une Communauté religieuse, a pu faire pour le prestige du nom français dans le milieu si particulier de ce port où se mêlent toutes les races du monde, c'est pour tout Français d'un réconfort puissant qui ne fait qu'augmenter la reconnaissance due aux artisans de pareille œuvre. »

Le Gouvernement anglais s'est toujours montré très bienveillant et même libéral pour l'établissement des Sœurs, en particulier pour leurs Écoles. C'est ainsi qu'en 1923, il accordait une subvention de 10.000 dollars pour la construction d'une salle de fêtes.

Mentionnons qu'en 1925, dernière statistique parvenue, la Crèche a reçu 2.275 petits enfants; que l'Orphelinat-Ouvroir (1) comptait 202 fillettes et jeunes filles, et les deux Pensionnats-Externats environ 500 élèves; qu'il est passé à l'Hôpital 2.268 malades et qu'on a donné 8.094 consultations.

Quarante-quatre Sœurs de Saint-Paul, dont quatorze indigènes, travaillent dans Hong-kong à ces œuvres multiples.

La Congrégation dirige actuellement en Chine des établissements charitables à Pagoda, à Kesen, dans la province du Fo-kien; à Hoï-hao, dans l'île de Haïnan; à Yunnanfou, capitale de la province du même nom. Pour des causes diverses, surtout faute d'ouvrières, les autres maisons dont il a été fait mention plus haut ont dû être fermées.

En raison de la guerre civile qui désole présentement la Chine, les œuvres même de bienfaisance, plus nécessaires que

(1) On peut lire sur cette œuvre le très bel article que lui a consacré, en 1899, dans la *Revue des Deux-Mondes*, M. A. Bellessort, à la suite d'un voyage qu'il avait fait en Extrême-Orient.

Orphelinat. — Hong-Kong. — Chine.

jamais pourtant, sont devenues très difficiles. Des calomnies abominables — insensées ! — sont répandues et, qui plus est, imprimées contre les Sœurs. Qu'on en juge par cet extrait d'une lettre de la supérieure de Hoï-hao, datée du 9 mars 1927 : « Recueillir les enfants pour les manger; employer les yeux et le foie à la fabrication du collyre et d'autres médicaments : telles sont les odieuses calomnies insérées dans un journal local de Fou-tchéou; et, pour rendre la description plus saisissante encore, la gravure illustre le texte. En faut-il davantage pour décider l'expulsion des missionnaires européens? Aussi le lundi 14 février, vers sept heures, la Mission est-elle entourée par une cinquantaine d'hommes armés de bâtons, qui d'abord se contentent d'aller et venir, s'excitant au pillage. Vers 9 heures, le groupe se grossit — un millier environ; il s'avance du côté de l'orphelinat, stationne, hésite, se fait menaçant, enfin pénètre par toutes les issues; les uns ont surtout le désir de voler, les autres sont poussés par la curiosité, ceux qui nous connaissent sont émus de pitié. Des mégères en furie, des hommes exaltés envahissent la salle des petits — 3 à 10 ans — montent sur les tables, hurlent : « J'emporte celle-ci, celle-là. » Les pauvres enfants pleurent, toutes sont terrifiées !

A la Crèche, la circulation devient impossible; les meneurs s'emparent des bébés, cherchent en vain la trace des sévices soi-disant soufferts. Sœur Rosalie ouvre les yeux des bambins, prouve la fausseté de l'accusation. Alors ce sont des ricanements, des interrogatoires sans fin : « Combien en as-tu « mangé?... Si peu, depuis si longtemps?... Que gagnes-tu? « Qui te paye?... » Enfin M. le Consul de France vient sur les lieux et fait prévenir le Commissaire des Affaires étrangères. Dans le but d'apaiser la cohue d'énergumènes, nous accusant de cacher des cadavres, la police fait des recherches, après lesquelles ordre est donné de retourner chez soi. »

La calomnie, même la plus sotte, fait son chemin. En maints endroits, les Chinois pauvres préfèrent aujourd'hui jeter leurs enfants à l'eau plutôt que de les confier aux Sœurs. (Lettre de Pagoda.)

CHAPITRE VI

La Cochinchine.

De la Chine, où les premières sont arrivées en 1848, des Sœurs de Saint-Paul de Chartres descendent, en 1860, dans l'empire d'Annam et d'abord dans la Cochinchine qui en fait alors partie. Voici par suite de quelles circonstances. Depuis de longues années, une cruelle persécution ensanglante ces pays. Plusieurs de nos nationaux ayant été massacrés, une expédition a été entreprise. En 1858, elle nous a rendus maîtres de Saïgon. Mais la ville reste encore en quelque sorte bloquée par 20.000 Annamites retranchés sur les lignes de Ki-hoa.

Or, nombreux sont les orphelins que fait chaque jour la persécution, et les enfants que leurs parents ont abandonnés. Qui les recueillera? C'est alors que Mgr Lefebvre, vicaire apostolique de Saïgon, qui, seize ans auparavant, a été lui-même jeté, chargé de chaînes, dans les prisons annamites d'où il a été tiré par l'amiral Cecile, demande à Sœur Benjamin, supérieure de la maison d'Hong-kong, deux de ses religieuses. Elles arrivent le 20 mai 1860 et se mettent aussitôt à l'œuvre sous un misérable abri où tout manque. L'évêque donne une chèvre, puis le chirurgien de la Marine une vache laitière; M. Dariès, capitaine de vaisseau et commandant intérimaire à Saïgon, verse 30 piastres par mois. La Sainte-Enfance est fondée.

Monseigneur ouvre bientôt, sans plus de ressources que le dévouement des Sœurs, le premier Hôpital indigène qui déborde vite de malades aux plaies gangrenées et souvent pleines de vers. L'administration militaire accorde gratuitement les médicaments. Plus tard, l'amiral Charner ajoutera une subvention de 300 piastres (750 fr.); elle sera doublée par l'amiral de la Grandière.

Mais dès octobre (1860), les Sœurs sont réclamées par les officiers à l'Hôpital militaire encore en construction.

Laissant donc à des Sœurs annamites (Vierges chrétiennes) jusqu'à l'arrivée des Sœurs françaises, l'Hôpital indigène et les tout petits de la Sainte-Enfance, elles s'en vont au chevet de nos soldats malades ou blessés. La disette se fait cruellement sentir dans la ville. Alors des matelots passent la rivière pour aller chercher des vivres à Tu-thien; mais les indigènes se sauvent à leur approche; impossible de les aborder. A la demande de Mgr Lefebvre, des néophytes des environs qui se sont réfugiés à Saïgon pour fuir la persécution, se hasardent à leur tour hors des lignes. C'est au péril de leur vie car tous ceux, païens ou chrétiens, qui acceptent la domination française sont massacrés dans des conditions horribles. Même des Annamites païens de Saïgon, gagnés par la bonté des Sœurs qui les soignent et par l'espoir du gain promis, se risquent à aller chercher au loin et à apporter à travers les fleuves des vivres pour l'Hôpital.

Le 17 février 1861, les Français, ayant reçu des renforts, enlèvent les lignes de Ki-hoa. Saïgon est maintenant complètement dégagé. Le reste de la province sera conquis peu à peu. En juin 1861, Sœur Benjamin amène d'Hong-kong cinq nouvelles religieuses. En octobre, dix autres, qui ont fait le voyage dans un convoi de 20.000 hommes de troupe, arrivent de France. Elles apportent une lettre qui nomme Sœur Benjamin Supérieure principale de l'Indo-Chine, avec résidence à Saïgon. Cette ville devient ainsi le centre des œuvres de la Communauté de Saint-Paul dans la colonie française.

Les débuts restent très durs. Le local de la Sainte-Enfance est étroit et pauvre. On y est en outre dévoré par les moustiques; puis des rats énormes emportent tout. Pas d'argent, aussi jamais de pain, ni de vin, ni de viande fraîche. De l'eau boueuse est apportée dans des barques par les Annamites, et payée très cher. L'Hôpital donne aux Sœurs un tonneau où elles recueillent l'eau du ciel. On couche sur des nattes; on fait la cuisine dehors sur des briques, avec quelques casseroles. Et les enfants sont nombreux et presque tous galeux. La Sœur chargée des garçons gagne elle-même le mal. Beaucoup d'enfants meurent. Mère Benjamin obtient alors de l'amiral Charner pour sa Sainte-Enfance un emplacement plus convenable près de l'Hôpital. On y élève successivement deux paillotes, et les œuvres continuent en se développant toujours.

Outre l'Hôpital central de Saïgon qui prendra dans la suite les plus beaux développements, l'administration militaire ouvre des Hôpitaux annexes à My-tho, Bien-hoa (1861), Baria (1862), et les confie aux Sœurs. Quelle consolation partout pour les soldats, surtout pour les blessés et les malades, de revoir si loin de la Mère-Patrie des visages de France! Car le pays est loin d'être pacifié, et le danger reste grand, au moins dans les campagnes. Des coups de main fréquents sont exécutés contre les postes. Quand les brigands peuvent saisir les chrétiens, ils les brûlent vifs. Ou bien ils détruisent leurs récoltes.

A Baria, en 1862, a été également établie une œuvre de la Sainte-Enfance.

Mère Benjamin désirant visiter ses Sœurs, on lui fait place (1er janvier 1863) sur une canonnière où elle essuiera comme les autres les coups de feu des pirates. Elle se rend ainsi à Bien-hoa et à My-tho. Dans ce dernier poste, elle trouve 250 soldats malades.

De retour à Saïgon, elle apprend que Baria, où sont deux Sœurs, est cerné par les rebelles. L'année d'avant, 1.500 chrétiens y ont péri dans les flammes. Or, un petit vapeur, l'*Ondine*, est en partance; l'amiral et les troupes d'expédition sont déjà à bord. Mère Benjamin se présente, mais il lui faut un permis qu'elle n'a pas : « Je vous en tiendrai lieu, lui répond le chef de l'État-Major; vous êtes brave comme un vieux militaire, ma Sœur. Tant mieux, car il se pourrait que le voyage fut périlleux. » La misère est grande à Baria où il y a beaucoup d'orphelins dont les parents sont morts martyrs. Mère Benjamin en ramène 33 à Saïgon.

Un nouveau plan de la ville de Saïgon devant couper le bâtiment des Sœurs (1862), le vice-amiral Bonnard leur attribue sur le boulevard de la Citadelle un vaste emplacement par un acte dont voici le premier paragraphe : « Attendu les nombreux services rendus en Cochinchine par les Sœurs de

Saint-Paul de Chartres, tant dans les Hôpitaux de l'Administration que dans les établissements de bienfaisance et d'utilité publique dirigés par leurs soins, comme l'Orphelinat et la Maison de la Sainte-Enfance, le vice-amiral, agissant en vertu des pleins pouvoirs qu'il a reçus de Sa Majesté, décide qu'il est fait donation, à titre gratuit et en toute propriété, aux Sœurs de Saint-Paul, de la portion triangulaire, etc... et que les Sœurs seront exonérées de toute redevance annuelle pour la propriété du terrain ci-dessus désigné. Fait à Saïgon, le 14 août 1862. »

Avec l'aide d'un ouvrier tonkinois chrétien, intelligent, qui pendant deux ans ne voudra recevoir pour tout salaire que sa nourriture, Mère Benjamin construit un bel établissement dans lequel on entre le 18 juillet 1864. La bénédiction de la chapelle se fit très solennellement, le 10 août, en présence de Mgr Lefebvre, du gouverneur et de toutes les autorités. L'aumônier, le R. P. Jourdan, évoqua devant tous et les douleurs passées et les joies présentes. Si, dit-il à Monseigneur, aux jours où vous souffriez dans les prisons annamites, il vous eût été donné de voir que vingt ans plus tard cette terre serait française et ouverte au libre exercice de la charité chrétienne, quelle consolation eût été la vôtre ! Cette heure est venue : « Le drapeau national protège le signe sacré qui attire du ciel la bénédiction sur la colonie; le zèle du missionnaire, la charité de nos religieuses vont pouvoir s'exercer librement; on résiste à l'épée, la voix du canon ne couvre pas toujours la voix des peuples; mais les cœurs s'ouvrent aux bons exemples et à la vertu patiente. » Quand Mère Benjamin reconduisit le gouverneur à sa résidence, celui-ci lui remit aimablement un billet de 1.000 francs pour l'ornementation de la chapelle.

C'est ainsi qu'en plein accord de l'Église et de la Patrie se fondaient en terre barbare une chrétienté et une colonie.

La Sainte-Enfance de Saïgon comprenait alors 150 enfants orphelins, ou abandonnés, ou vendus par leurs parents. Car si le Chinois sans entrailles jette ces petites créatures à la voirie, il n'en va pas de même de l'Annamite. On peut dire qu'il aime ses enfants. Mais si le riz est cher ou si la mère est morte, le père les cède volontiers à vil prix ou les donne à qui veut bien les recevoir; de même si le sorcier a prononcé des augures défavorables. Mère Benjamin écrit le 23 mars 1864 : « Les païens connaissent maintenant la maison, et ils n'ont plus peur que nous mangions ces petits, comme ils le croyaient d'abord. Ils aiment beaucoup mieux nous les amener que de les vendre aux païens qui les traitent comme leurs esclaves. Le travail manuel de nos petites filles est parfait et l'activité déployée mérite une double louange dans un pays où la non-chalance est l'apanage du peuple. Les enfants ont beaucoup d'ardeur pour apprendre à lire et à écrire; la facilité ne leur fait pas défaut, aussi espérons-nous d'heureux résultats. Les ténèbres qui couvraient leur intelligence se dissipent; la piété et la vertu gagnent beaucoup. »

Les Sœurs font des tournées dans les villages qui avoisinent Saïgon, emportant surtout des médicaments.

En 1864, à la demande du commandant en chef des troupes françaises, des Filles de Saint-Paul prennent la direction du Dispensaire-Hôpital de Cho-quan, à une lieue de Saïgon. En 1870, on leur en retire la direction parce qu'elles réclament contres des abus criants; et en 1875, on les congédie tout à fait. Plus tard à la demande pressante des médecins, le gouverneur général, M. Rousseau, les rappelle. Une École de médecine est dans la suite attachée à cet établissement qui sera laïcisé en 1908. Alors le directeur, Dr Angier, qui ne comprend pas un hôpital sans religieuses, donnera sa démission et ira établir à Saïgon, sur le terrain même de la Sainte-Enfance, une clinique que dirigent naturellement les Sœurs de Saint-Paul.

En 1864 encore, Mère Benjamin fonde, à My-tho, un second Asile de la Sainte-Enfance.

Le 7 mai 1864, deux Sœurs, dont la supérieure de l'Hôpital militaire de Saïgon, Sœur Fulbertine, revenaient d'une visite à Baria sur la canonnière le *Casse-Tête* quand, à trois heures de Saïgon, une première explosion se produisit, celle de la machine, bientôt suivie d'une autre, celle des poudres. Le bateau coula à fond dans le fleuve en quelques secondes. Sœur Fulbertine fut arrachée à la mort par un matelot, mais ce fut

Noviciat indigène. — Saïgon.

pour succomber trois jours après, les intestins brûlés par la poudre qu'elle avait avalée.

Les Sœurs resteront à l'Hôpital militaire de Baria jusqu'en 1883, date où l'administration trouva préférable de centraliser tous ses services à Saïgon. Elles y gardent la Sainte-Enfance et prennent, en 1896, la direction d'une École et de l'Hôpital indigène. En 1901, les Sœurs fondent également, avec l'aide de quelques ménages et surtout avec les orphelines de la Sainte-Enfance de Saïgon, un vaste établissement agricole de 40 hectares, en pleine forêt, « jusqu'ici impraticable excepté au tigre qui en est si bien le principal habitant que les païens l'appellent le tigre », écrit la supérieure. On défriche et on fait des plantations de manioc, de poivre... Mais si la vie est pittoresque elle est aussi difficile et même dangeureuse. Sœur Saturnine — figure extraordinaire — qui en est l'âme, meurt en 1918, et l'établissement est fermé. Il reste présentement à Baria même, la Sainte-Enfance, fondée en 1862, et l'École indigène paroissiale qui, en 1926, comptait 158 élèves.

Dans leurs Asiles, en effet, les Sœurs ouvrent naturellement des écoles. Mais il faut, plus d'une fois, compter avec les préjugés. Une femme annamite ne doit savoir ni lire ni écrire, sous peine de ne pas se marier, les femmes savantes étant réputées mépriser toujours leurs maris. De plus, on croit que les enfants, une fois instruits de la langue des Sœurs, seront envoyés en France. A force de protestations, de promesses, on arrive à ce que les parents laissent libres leurs enfants. Peu à peu l'école se fonde et se développe vite.

Par les enfants de la Sainte-Enfance qui retournent chez eux, des conversions se font dans les villages des alentours. Plus d'une fois les païens se vengent en mettant le feu aux récoltes des baptisés.

Un Noviciat indigène est ouvert à Saïgon pour les jeunes filles annamites qui désirent devenir Sœurs de Saint-Paul (1). Les premières postulantes sont des filles de chrétiens martyrs.

---

(1) Il convient de faire remarquer que les Sœurs indigènes de Saint-Paul sont en tout — obligations et droits — égales aux Sœurs européennes. En effet, à la communauté de Saint-Paul de Chartres, il n'existe pas de Sœurs de second degré ou converses.

Les fondations continuent et se multiplient avec une rapidité merveilleuse. C'est, à Saïgon, en 1870, un Pensionnat bientôt très prospère pour jeunes filles européennes; en 1874, un Asile-Pensionnat pour fillettes métisses abandonnées; en 1875, un Refuge pour les malheureuses qui trompées et délaissées, veulent se refaire une vie honnête. Avec toutes ces œuvres : Crèche, École, Ouvroir, double Pensionnat, Noviciat et Refuge, la Sainte-Enfance de Saïgon comptera, au temps même de Mère Benjamin, une population de six à sept cents personnes.

Puis c'est, en 1870 encore, à Cholon, grande ville chinoise très commerçante, aux portes de Saïgon, une troisième Sainte-Enfance dans laquelle les Sœurs recueillent chaque année un millier d'enfants. C'en est une quatrième à Vinh-long, en 1871, avec un Orphelinat où sont installés les différents métiers à tisser. En 1877, un Hôpital indigène s'y ajoutera. C'est, en 1872, un nouvel Hôpital indigène, à My-tho.

Dans la même ville de Cholon dont il vient d'être parlé, les Congrégations chinoises païennes ont bâti, pour leurs membres et sociétaires, un grand Hôpital. Tel est le prestige que leur a acquis leur charité que des Sœurs de Saint-Paul sont demandées (1876) pour le desservir. Elles soigneront là chaque année un millier de malades.

En 1876 aussi, à Bien-hoa, un Hôpital est construit dans la partie basse de la ville que souvent l'inondation recouvre. Celle-ci est telle, une année (1886), qu'il faut transporter les malades ailleurs. Serpents et crapauds ont envahi l'établissement que garde la supérieure et où l'on ne peut plus aborder qu'en barque. On y ajoute un double Orphelinat, l'un pour les garçons, l'autre pour les filles, le premier sous forme de colonie agricole. Mais les païens mettent le feu à la ferme et volent les Sœurs. Mère Benjamin reporte alors l'œuvre des garçons près de Saïgon, dans la chrétienté de Thi-nghé, où elle prospèrera avec la culture du riz, le tissage des nattes, la briqueterie. Dans ce même Thi-nghé, en 1875, Mère Benjamin bâtit à ses frais un grand Hôpital central pour chrétiens et annamites païens. Le Conseil colonial votera, une année une subvention à cet établissement, à titre d'encouragement.

En 1877, sont fondés à Tan-dinh, l'un des faubourgs les plus populeux de Saïgon, une École de filles, une École de garçons, une École enfantine mixte, une Crèche et un Ouvroir.

Dans le courant de mai 1877, un bateau de pirates s'est échoué sur les côtes de la Cochinchine, non loin d'un poste d'inspection militaire. On y découvre 65 enfants et jeunes filles, volés sur les côtes du Tonkin, qui devaient être vendus par les misérables. L'administration les confie à la Sainte-Enfance de Saïgon.

Mère Benjamin meurt le 20 mai 1885. D'unanimes hommages sont rendus à ses grandes vertus et aux incomparables services qu'elle a prodigués. à la cause catholique et française. Il faut lire les troisième et quatrième volumes de l'Histoire complète de la Congrégation de Saint-Paul pour savoir ce que furent l'âme et la vie de cette admirable religieuse missionnaire. Sœur Virginie, qui a été son auxiliaire à Saïgon, prend sa place. Les officiers du corps expéditionnaire loueront l'esprit d'initiative et de décision de cette Sœur. Elle-même disait en souriant : « J'appartiens au corps de la Marine de France. » Mais elle est vite épuisée et le médecin la renvoie en France, en 1887. Elle meurt sept mois après. Le Gouvernement français la nomme alors chevalier de la Légion d'honneur avec cette citation : « Plus de 25 ans de service en Cochinchine; épidémie de choléra à My-tho, en 1865. A traversé 15 épidémies de choléra, 21 épidémies de fièvre typhoïde et 9 épidémies de variole. »

Mère Candide qui lui succède doit de suite consolider l'édifice de la Sainte-Enfance de Saïgon que les fourmis blanches ont dévoré du haut en bas. Elle sollicite l'aide du Conseil colonial dont l'architecte déclare nécessaire une construction nouvelle. Le Conseil accorde 10.000 piastres. C'est alors que s'élève le très bel établissement actuel de la Sainte-Enfance de Saïgon, avec ses vastes salles, sa chapelle gothique, ses bâtiments annexes.

En 1891, un Hôpital et une Sainte-Enfance sont établis à Go-cong. Dans les villages se répandent des bruits insensés. Une païenne mécontente raconte que les Sœurs, afin de garder les enfants, leur coupent les pieds; qu'elles leur enlèvent l'âme dont elles fabriquent des médicaments merveilleux pour les chrétiens. On accourt à la Sainte-Enfance contempler ces horreurs... et l'on trouve des enfants pleins de vie, sautant et riant. Un jeune Annamite, au service des Sœurs, fouille, pendant leurs repas, tous les coins et recoins de la maison pour voir où elles cachent les âmes. Ou encore, il se dissimule sous leur paillote, bâtie sur pilotis, afin de surprendre leur secret avec leur conversation. Le tabernacle, surtout, l'intrigue et il voudrait bien en trouver la clef, car sans doute est-ce là la cachette aux âmes ! Mais se rendant compte qu'il a été trompé, il se convertit.

Deux Sœurs de cet établissement accompagnées d'une femme annamite et de plusieurs pêcheurs — en tout neuf personnes sur deux barques — s'en vont à travers les fleuves au ravitaillement. Elles visitent en même temps les familles chrétiennes, les enfants qu'elles ont élevés et placés, les malades qu'elles ont soignés.

Le 1er mai 1904, un typhon terrible accompagné d'un très fort raz de marée, faisait plus de 10.000 victimes. Des villages entiers ont été emportés à la mer.

Les Sœurs montrent à cette occasion toute l'étendue de leur héroïque dévouement. Pas un de leurs enfants n'a péri, ni aucun de leurs malades qui cependant ont été enfouis sous les décombres de l'Hôpital.

En 1893, cinq religieuses sont demandées par l'Administration coloniale pour fonder, dans la ville importante de Travinh, aux frontières du Cambodge, une sorte de caravansérail ouvert à toutes les misères. En 1902, il y a là plus de 200 enfants, une centaine de malades et autant d'orphelins et d'orphelines. Ces derniers fréquemment se marient entre eux. Les Sœurs aident ainsi à la fondation de foyers catholiques et à la formation de travailleurs pour l'exploitation des rizières, des caféiers et des cotonniers.

Un grand Dispensaire est ouvert et confié aux Sœurs, en 1895, à Cho-duï, tout près de Saïgon.

Au Cap Saint-Jacques, dans la jolie baie des Cocotiers, est établie, en 1898, une maison de convalescence pour les Sœurs et les enfants des établissements de Saïgon. Il y a aussi un petit Externat pour enfants européens en villégiature. Enfin, depuis 1921, les Sœurs de Saint-Paul y dirigent une École normale de Vierges chrétiennes qu'elles préparent aux brevets en vue de l'enseignement.

Quatre Sœurs sont appelées, en 1899, à Bentré, pour tenir l'Hôpital indigène construit par les notables du pays. Elles y ajoutent bientôt une Crèche. D'autres vont, la même année, également pour un Hôpital indigène, à Thu-dau-mot, centre industriel et commercial, à l'est de la Colonie.

Non loin de My-tho, sur le Mékong, est une petite île du nom de Culao-rong, longue de 3.800 mètres, large de 100 et bordée d'arbres. L'Administration coloniale y décide, en 1903, l'installation d'une léproserie dont les Filles de Saint-Paul seront les gouvernantes. Elles viennent au nombre de trois. Dès le matin à quatre heures, elles sont debout pour se rendre en barque à la messe, à My-tho. Ce qu'elles font encore actuellement, sauf une fois par semaine parce qu'on vient, ce jour-là, célébrer la messe pour les lépreux.

Le 1ᵉʳ mai 1904, un terrible cyclone s'abat sur l'île. Presque tout est détruit. Puis le choléra fait son apparition et multiplie les victimes. « Que nous étions tristes, écrit Sœur David, tristes en même temps qu'effrayées de voir disparaître les uns après les autres nos bien-aimés lépreux. Oui, bien-aimés. Il y a grâce d'état. Si horribles qu'ils soient, nous les aimons. »

D'une autre lettre du 24 septembre 1905 : « Nos chers lépreux sont au nombre de 119. Ils ne paraissent pas mécontents de leur sort. Ils jardinent, ils pêchent, ils coupent du bois, ils élèvent des poulets, ils font des paniers, de la cuisine, de la musique. Plus les musiciens font de tapage en battant la grosse caisse sur des tonneaux en zinc, plus ils sont contents... Quant à nous leurs Sœurs... nous ne changerions pas notre sort pour tout l'or du monde. » En 1926, les lépreux étaient 192, soignés par six Sœurs, dont quatre indigènes.

En 1905, à Laï-thieu, quatre Sœurs de Saint-Paul prennent la direction de l'École des filles sourdes-muettes, fondée par le P. Azémar, curé du lieu.

Mentionnons encore, en 1919, la fondation à Dalat, en

Annam, mais non loin de la Cochinchine, dans un beau site et un climat sain, d'une maison de repos pour les Sœurs fatiguées de la Cochinchine et du Siam. Quelques religieuses y tiennent une École européenne et une École indigène.

* *

En 1905, les Sœurs de Saint-Paul durent naturellement quitter, en Cochinchine comme ailleurs, les établissements militaires (il en restait trois) qu'elles desservaient depuis les commencements de l'occupation; entre autres le grand Hôpital central de Saïgon où elles étaient vingt. Nous verrons plus tard ce que devinrent ces dernières. Elles avaient été à la peine, c'était la manière nouvelle de les mettre à l'honneur.

État actuel. — Les œuvres tenues présentement par les Sœurs de Saint-Paul en Cochinchine, sont trop nombreuses et trop importantes pour qu'il soit possible de les faire connaître ici en détail.

Disons seulement qu'elles sont réparties en seize centres différents; que chacun d'eux comporte souvent plusieurs œuvres, ou même plusieurs établissements distincts; que ces œuvres enfin, sont du même genre que celles dont il a été parlé dans les pages qui précèdent, adaptées cependant aux temps actuels. Faute de pouvoir tout citer, voici du moins la statistique des établissements de Saïgon pour 1926 : Orphelinats, 57 enfants. Pensionnat européen, 180 élèves. Pensionnat indigène, 260. Refuge, 25 personnes. Baptêmes d'enfants, 37; d'adultes, 18. Clinique municipale, 41.778 malades. Clinique du Dr Angier, 653.

Pour n'avoir pas à y revenir à chaque Mission particulière, disons aussi que la Congrégation des Sœurs de Saint-Paul de Chartres possède, en Extrême-Orient, huit Noviciats indigènes (dont deux de date toute récente) : Saïgon, Hanoï, Hong-kong, Manille, Hakodaté, Séoul, Taikou, Bangkok. Ils comptent présentement deux cents Novices indigènes (Postulantes non comprises).

CHAPITRE VII

Le Tonkin.

C'est encore au cours et à l'occasion de l'expédition militaire française (1883), que les Sœurs de Saint-Paul sont entrées au Tonkin. La guerre y est, comme en Cochinchine, très dure en raison du climat, meurtrier en bien des endroits, et plus encore à cause de la barbarie des ennemis. Les Pavillons-Noirs coupent les mains et les têtes des soldats, brûlent vifs dans leurs maisons les chrétiens annamites, ou les étranglent, ou les mettent en morceaux, ou les jettent à la rivière attachés à des traverses de bananiers — qui flotteront — afin de prolonger leur agonie. Un prêtre indigène a été enterré vivant, la tête en bas.

Fin 1883, l'amiral Courbet demande à Mère Benjamin six religieuses pour ses ambulances d'Hanoï et d'Haï-phong. Le 8 décembre, elles s'embarquent à Saïgon sur un bateau de guerre, l'*Aveyron*. Le voyage dura quinze jours. Deux fois on croisa des jonques chinoises qui, d'ailleurs, au premier coup de canon, se rendirent. En arrivant à la baie d'Along, on apprit avec grande joie l'heureuse victoire de Sontaï où les troupes de l'amiral Courbet venaient de triompher, le 15 de ce même mois, après deux très rudes journées d'efforts, de 25.000 Chinois et Annamites fortement retranchés et munis de cent canons. La joie des soldats fut grande dans les Hôpitaux à la vue des Sœurs de France. « Le bonheur rayonnait sur tous les visages amaigris par les fatigues et les souffrances », écrit l'une d'elles.

A Haï-phong, elles trouvent 100 blessés à l'Hôpital; bientôt il y en aura 300. On bâtit aux Sœurs une paillote qui est faite de pièces de bois fixées au sol et reliées par des branchages qu'on couvre de terre.

Le 24 juillet 1884, un typhon avec pluie torrentielle, qui dure trois jours, dévaste la ville. La toiture de la case des Sœurs est tombée et aussi la terre de l'un des murs. Enveloppées dans leurs couvertures, elles ressemblent sous l'ouragan, à travers les branches, à des oiseaux en cage. Les soldats les appellent les alouettes de Saint-Paul. L'année d'après on reconstruira plus solidement.

A Hanoï, elles connaîtront à peu près les mêmes épreuves et les mêmes joies. L'amiral Courbet les a reçues par ces mots : « Soyez les bienvenues, mes Sœurs, sur ce petit coin français. Comme je remercie vos supérieurs de vous avoir envoyées à nous; et vous, courageuses comme des militaires, d'être venues pour nous sur le champ de bataille de la charité. » Elles font ensuite visite à **Mgr Puginier** qui s'effraye de leur audace, car sa résidence est à 1.200 mètres de la leur et les brigands enlèvent souvent en plein jour femmes et enfants. Il les fait reconduire par vingt séminaristes armés de gourdins et de vieux fusils.

En 1884, à Ouang-yen, en face des rochers de la baie d'Along, toujours à la demande de l'autorité militaire, trois Sœurs ouvrent un troisième Hôpital. En 1887, elles seront dix et auront à soigner 300 soldats blessés ou malades.

Voici un trait qui donne une petite idée de leur vie. Dans les ambulances d'Hanoï, un jour, on voit arriver, à la suite de l'expédition de Than-hoa, 80 miliciens tonkinois à qui les pirates ont coupé la main droite pour les punir d'avoir accepté la domination française. Sœur Sainte-Hélène Montel se fait près d'eux l'ange de la consolation. Le major a ordonné de couper leur abondante chevelure, siège d'une abondante vermine. Mais la Sœur qui sait combien ils y tiennent, obtient de la leur laisser, promettant en retour de les peigner elle-même tous les jours. Ces malheureux mutilés sont très touchés de tous ces soins. Quand les Sœurs se retirent chez elles pour faire en commun les prières de règle, ils vont s'asseoir sur les marches de leur maison afin d'entendre encore la voix de leur bienfaitrice. Les prisonniers blessés de ce même combat de Than-hoa sont également soignés par elle. Leur méfiance qui est grande tombe aussi devant sa douceur et sa charité. Elle sera emportée en quatre jours, le 21 mars **1887**, à trente-quatre ans. Le général commandant la division navale du Tonkin assistera à ses obsèques, et le médecin-chef saluera sur sa tombe « l'ange de nos soldats mourant pour la Patrie ».

En juillet **1885**, le choléra se déclare à Hanoï et à Haïphong. Au mois d'août, on compte de **25 à 30** décès par jour. En **1886**, deux Sœurs reçoivent le ruban rouge.

L'été de **1886** fut terrible. Toutes les épidémies sévissent à la fois. En mai, on compte 2.640 malades dans les trois Hôpitaux d'Hanoï, d'Haï-phong et d'Ouang-yen. Le nombre des morts est considérable, et surhumain le travail des Sœurs.

C'est pour ainsi dire dans leurs bras que décèdera, le 11 novembre **1886**, Paul Bert, résident général au Tonkin où il est arrivé le 8 avril précédent. Très anticlérical en France, il fut à Hanoï plein de courtoisie et même de bienveillance à l'égard des missionnaires, leur accordant de lui-même ce que leur refusait le gouvernement de **Paris**. Atteint de la dysenterie, il ne voulut pour le soigner que la supérieure des **Filles de Saint-Paul**. Son enterrement n'en fut pas moins ultralaïque; un boudha remplaça la croix.

Le 1er septembre de cette même année **1886**, à la demande du vicaire apostolique, Mgr Torrès, et avec l'autorisation de Paul Bert, on a ouvert, à Haï-phong, l'**École Saint-Dominique** pour les orphelins de la guerre. En **1887**, elle sera très éprouvée par le choléra.

Les paillotes primitives de l'Hôpital militaire, à Hanoï, ont fait place avec le temps à de belles constructions, constituées par des pavillons séparés, bien aérés, ombragés de grands arbres, avec vue sur le fleuve.

En **1890**, les Sœurs entrent à l'Hôpital militaire de la petite ville de Phulang-thong. Sœur Adeline Robert a plus de **80** soldats à soigner. Huit meurent en une semaine. « Ma Sœur, lui a dit l'un d'eux, je suis tout consolé de mourir près de vous, car vous me représentez ma mère par vos soins et votre affection. Vous lui ferez savoir que je suis mort en chrétien. » En **1895**, Sœur Sainte-Ève Letombe succombe, à vingt-six ans, à l'épidémie de choléra.

Les Sœurs sont aussi à l'Hôpital militaire de Ti-cau dont l'installation est misérable. Les pirates font souvent des incursions dans la ville. Les Sœurs racontent des faits navrants dont sont victimes nos soldats.

Jusqu'ici les Filles de Saint-Paul ont dû concentrer à peu près exclusivement leur action sur les Hôpitaux ou les ambulances militaires. En 1894, la Mère Principale du Tonkin fait élever à Hanoï, boulevard Rollandes, aux frais de la Communauté, une belle École avec Pensionnat, pour les enfants européens et indigènes. C'est l'Institution Sainte-Marie. M. de Lanessan, résident général, a donné l'autorisation et une subvention de **3.000** francs. Il assiste en personne, l'année suivante, à l'inauguration d'un Hôpital indigène que doivent tenir les Sœurs de Saint-Paul. Après avoir rendu hommage au dévouement des religieuses, il attache au cou de la supérieure, qui n'en est pas à ses premiers exploits charitables, le ruban de l'Ordre du Dragon.

En 1895, meurt à trente ans, victime des fièvres, au service de nos soldats, une religieuse, Sœur Jeanne Berchmans, que le Dr Carolle représentera « bravant depuis six ans tout le mal des autres et le sien propre...; admirable Sœur de charité, ange gardien vigilant qui suppléait les familles absentes ou disparues ».

A la demande du ministre des Colonies, dix Sœurs de Saint-Paul vont, en 1891-1896, aux nouvelles ambulances militaires de Tuyen-quang, où Sœur Marie-Ananie Mabit trépasse au bout d'un an, du choléra; à celles de Lang-son et de Yen-bay. Trois autres Sœurs, après un voyage impossible en barque sur le Fleuve Rouge, puis sur le Sông-mâ, sont, le 4 mars 1898, à Than-hoa, chef-lieu de la province de ce nom (Annam), où coula abondamment le sang chrétien. En même temps que des malades de l'Hôpital militaire, elles s'occuperont des prisonniers de la Citadelle d'où tant de chrétiens sont sortis pour le martyre. En 1905, elles y créeront un Asile de la Sainte-Enfance.

En 1900, est fondée à Bac-ninh, siège de l'évêché, l'École Saint-Joseph, et, en 1901, un Hôpital indigène.

En 1900 encore, à Thaï-binh, en plein delta, dans une con-

Ouvroir. — Hanoï. — Tonkin.

trée d'une fertilité prodigieuse en riz de toutes les qualités, trois Sœurs de Saint-Paul viennent diriger l'Hôpital indigène à la demande du résident, baron de Goy. M. Vouillon, qui lui succède, fait élever, en 1902, à 4 kilomètres de la ville, des paillotes pour les lépreux qu'une Sœur de l'Hôpital visite tous les jours. Il y en eut de suite 30, bientôt 60 et plus. M. Thureau, qui remplace M. Rousseau, ajoute une œuvre pour aveugles qu'il confie également aux Sœurs. En 1903, un cyclone détruit presque toute la ville. Seule la chapelle de l'Hôpital échappe. On y porte les malades. Puis un raz de marée fait 1.200 victimes. Et c'est encore le choléra qui prend aussi les siennes.

A Késo, en 1903, les Sœurs ouvrent un Hôpital indigène que, le 17 septembre, une inondation effroyable ravagera.

Trois Sœurs viennent, en 1904, à Phat-diem, sur les bords du Fleuve Rouge, tenir l'Hôpital indigène. En 1905, on ajoute une Sainte-Enfance; en 1906, un Ouvroir.

*
* *

Mais déjà, en décembre 1904, malgré les protestations de ceux qui n'oubliaient pas si vite 1860 et 1883, les Filles de Saint-Paul de Chartres avaient dû quitter les six établissements militaires du Tonkin tout pleins encore du souvenir des jours sanglants de la conquête et de l'aide fraternelle qu'en ces tragiques conjonctures les bonnes Hospitalières avaient apportée à nos soldats. Elles sont parties, mais dans les annales de notre histoire coloniale, aux chapitres de l'Indo-Chine, comme à ceux de la Guyane et des Antilles françaises, elles gardent, à la gloire de leur Congrégation, donc de l'Église et de la France même, quelques pages bien belles que nul laïcisateur ne saurait jamais arracher.

État actuel. — Ce que nous avons dit de la Cochinchine, s'applique également au Tonkin. Les Sœurs y possèdent des établissements charitables en dix centres différents. Donnons seulement les principales statistiques des quatre maisons d'Hanoï, qui est la capitale et où les œuvres sont aussi les plus importantes.

A l'Institution Sainte-Marie, en 1926, le Pensionnat comptait 300 élèves; l'Ouvroir, 60 jeunes filles.

L'Asile des incurables — auquel a été rattachée, en 1925, la Sainte-Enfance, — abritait, en 1926, environ 500 incurables, plus 40 enfants de lépreux et 20 autres à la Crèche. Les garçons tissent la toile; les filles font de la dentelle et du filet. Il y a eu 553 baptêmes d'enfants, 65 d'adultes.

L'Hôpital, en 1925-1926, a reçu 360 malades. On y a fait 30 baptêmes d'enfants et 3 d'adultes.

L'École franco-annamite, fondée en 1925, a présentement (1927) environ 450 élèves.

Quelque sommaire que doive être un simple aperçu historique, il n'est pas posssible de parler des œuvres charitables d'Hanoï sans accorder une mention spéciale à la si populaire Sœur Antoine qui, pendant trente-cinq ans, a accompli là des prodiges de charité envers toutes les infortunes, tous les misérables. Pour se faire une idée de sa vie, de son âme, à défaut de détails qui ne peuvent être insérés ici, il n'est que de la contempler telle que la représente la photographie reproduite dans ces pages mêmes, au milieu de ces six bambins de la Sainte-Enfance — enfants de lépreux et lépreux eux-mêmes — qui forment avec elle un groupe si parfaitement harmonisé, si expressif, si touchant, qu'on se demande s'il ne serait pas sorti du ciseau de quelque sculpteur inspiré. Mais non, il y a ici plus qu'une œuvre d'art : l'expression authentique et magnifique de la réalité. Cette Sœur de charité, cette femme forte et si bonne, cette mère des enfants sans mère, elle a existé; et ces petits enfants — sans parler des autres — en ont connu l'inlassable sollicitude et la réconfortante tendresse (1).

Sœur Antoine a reçu — après la croix de chevalier de la Légion d'honneur qui lui fut remise, en 1920, par M. Sarraut, alors gouverneur de l'Indo-Chine — la rosette d'officier que

(1) Une autre très suggestive photographie concernant Sœur Antoine a été reproduite dans les *Annales des Sœurs de Saint-Paul de Chartres*, numéro d'avril 1927. Cette vue nous la montre dans la fameuse « Cour des miracles » de l'Hospice qui est son œuvre, au milieu des béquillards, des infirmes de toutes les formes — de toutes les difformités — vraie personnification de la Charité compatissante.

Sœur Antoine.

M. Varenne, successeur de M. Sarraut, vint lui épingler per-
sonnellement, le 30 mars 1926, sur son lit de douleur où la retint
pendant de longs mois une cruelle maladie. Elle est décédée
le 27 mai suivant, laissant un grand exemple, un souvenir
inoubliable, des œuvres en pleine expansion, dignement
continuées.

Mgr Forcade,
Fondateur de la Sainte-Enfance
à Hong-Kong (Chine).

CHAPITRE VIII

L'Annam.

Il était naturel qu'après la Cochinchine et le Tonkin, l'Annam proprement dit — tel qu'il est depuis 1883 — attirât à son tour les Filles de Saint-Paul. C'est en 1889, à la demande du vicaire apostolique, Mgr Gaspar, que les cinq premières arrivèrent à Hué, la capitale, pour prendre la direction de la Crèche et d'un Hôpital peuplé surtout de lépreux. On construit aussitôt les bâtiments voulus pour faire une vraie Sainte-Enfance. Selon la coutume de ces contrées, les bébés sont couchés dans des corbeilles suspendues au plafond au moyen d'une longue corde. En janvier 1891, la supérieure, Sœur Ignace, écrit : « Je voudrais que vous puissiez voir toutes ces misères humaines réunies ici. Les inondations dernières, les typhons qui ont ravagé tout le pays et les environs, ont fait un grand nombre de malheureux. Ils n'ont plus de riz, ils n'ont plus d'argent. Ils mangent des troncs de bananiers; ils nous arrivent hydropiques ou fiévreux... Et la Crèche ! Si vous voyiez tous ces petits lits et tous ces paniers suspendus ! Dans tout cela, il y a des bébés. Nous en achetons tous les jours. Hier soir, dans ma visite, j'en ai compté cent deux. Je sors. Je rencontre une femme qui portait deux paniers, un derrière, l'autre devant, suspendus à un bambou. Je crois que c'est une femme qui vend des poules ou des légumes. Pas du tout. Elle découvre ses paniers, et j'aperçois de pauvres petits êtres sales, malades, couverts de plaies. On les tire les uns après les autres : il y en avait sept !... Il ne se passe aucun jour sans que je reçoive cinq ou six de ces pauvres enfants. Les mères, pressées par la misère, me les vendent pour quelques pièces de monnaie, afin de pouvoir donner à manger à ceux qui restent à la maison. Elles savent qu'à la Sainte-Enfance leurs enfants seront

l'objet des soins les plus respectueux et les plus tendres. »
Que voilà bien le vrai langage et le vrai visage de la Charité
chrétienne ! Le futur maréchal Lyautey, alors chef d'esca-
dron au Tonkin, dira d'une visite à la Sainte-Enfance de Hué :
« Visite poignante au premier chef. » (Lettre à ses proches,
28 août 1896.)

En 1898, on subit à la fois inondations, typhon, famine.
Les enfants sont amenés ou arrivent par troupes : 80, 32, 44
en trois jours. En 1901 ou 1902, un cyclone détruit la ville et
l'établissement de la Sainte-Enfance où, du moins, personne
n'a été tué. Il faudra quinze mois pour reconstruire. Mais
l'œuvre ne fera que se développer.

Depuis 1903, d'autres centres — six — ont été créés successivement, avec les œuvres appropriées. Ils existent encore
et ce ne sont que les ouvrières qui manquent, car le bien à
faire là aussi est immense. A Hué, la capitale, les statistiques
donnent pour 1926 : Crèche, 39 enfants présents; baptêmes
d'enfants, 202; d'adultes, 15; Orphelinat, 41 garçons, 64 filles;
Malades hospitalisés, 21, et un certain nombre de vieillards.

A l'École Jeanne-d'Arc sont 95 élèves européennes et
50 indigènes; à l'École normale des Vierges chrétiennes,
30 aspirantes.

CHAPITRE IX

Le Siam et Le Laos.

1. — SIAM.

Mgr Vey, vicaire apostolique de Bangkok, capitale du Siam (400.000 habitants), obtient en 1898 six Sœurs de Saint-Paul pour tenir le spacieux hôpital qu'il vient de construire.

Bientôt (1900) deux autres arrivent, à sa demande, pour diriger à Sam-sen, près de Bangkok, un Noviciat de Vierges chrétiennes qui portent au Siam le nom d'Amantes de la Croix.

Puis les Sœurs de Saint-Paul prennent à Bangkok, coup sur coup, la direction de trois Pensionnats : en 1905, celui de l'Assomption; en 1906, celui de Sainte-Croix; en 1907, celui de Saint-Joseph. D'autres œuvres s'ajouteront à chacune de ces maisons.

A partir de 1909, à Pétriou, ont été fondés successivement une École, un Orphelinat, une Crèche. C'est le Couvent Saint-Paul.

Mêmes œuvres à Ban nok kuëk, en 1913; et de plus : un Externat indigène avec 250 élèves, un Dispensaire, un Noviciat de Vierges chrétiennes.

Voici la statistique de 1926. A Bangkok : Hôpital, 236 malades, 406 consultations, 366 visites à domicile. Baptêmes, 347 enfants, 2 adultes. — Couvent de l'Assomption : École, 355 élèves; Orphelinat, 10 enfants. — Couvent Sainte-Croix : Internat-Externat, 158 élèves; École paroissiale gratuite, 60; Orphelinat, 14 enfants. — Couvent Saint-Joseph : Internat-Externat, 394 élèves; Orphelinat, 43; Ouvroir, 20 jeunes filles.

A Sam-sen, au Couvent du Sacré-Cœur : Noviciat indigène des Amantes de la Croix, 100 aspirantes; Crèche et

Amantes de la Croix. — Samsen. — Siam.

Orphelinat, 60 enfants; Baptêmes, 104. — Couvent Saint-François, ouvert en 1925 : Externat, 101 élèves.

Un Noviciat indigène de Filles de Saint-Paul est en formation à Bangkok au Couvent Saint-Joseph.

A Pétriou, au Couvent Saint-Paul : Crèche, 10 bébés; Orphelinat, 55 enfants; Ouvroir, 12 jeunes filles; École paroissiale, 135 élèves. Malades incurables, 25. Baptêmes, 6 enfants, 1 adulte.

2. — Laos.

Deux fondations sont faites en même temps, en 1904, au Laos, sur le Mé-kong. Pour se rendre à la plus proche, Oubone, il faut, aux quatre Sœurs qui ont été désignées, neuf jours de bateau sur le fleuve à partir de Saïgon; il en faut vingt et un aux quatre autres pour atteindre la seconde, Nong-seng. A Oubone, vingt-cinq ans plus tôt, il n'y avait pas un catholique : ils sont déjà plusieurs milliers, en 1904. Les Sœurs de Saint-Paul ont à diriger le Noviciat indigène des Vierges chrétiennes, l'École et l'Orphelinat, et à visiter les malades. Que de choses touchantes ou curieuses il y aurait à citer ici comme ailleurs. Voici ce qu'écrit une des Sœurs sur les promenades qu'elle fait avec les élèves : « Les parties de pirogues sont préférées à toutes les autres par nos enfants à cause du bain qui les termine. Elles aiment l'eau autant que les poissons peuvent l'aimer. Elles nagent et plongent, vont et viennent dans le fleuve comme nous sur le sol. Nous ne rentrons qu'à la bonne fraîcheur du crépuscule, en égayant les bords du Se-moun de nos chants joyeux. » Et de la même, à propos de la nourriture : « Nous faisons des beignets avec la fleur du potiron et du nénuphar. Comme légumes, nous avons des patates, des concombres, les pousses du bambou et du bananier. Nous aimons la tige du maïs et son grain rôti. Veut-on nous régaler? On nous apporte des œufs de fourmis rouges. Nos enfants mêlent les fourmis aux œufs et avec quelques feuilles de tamarin elles avalent cela tout cru; et disent elles, c'est un délice ! »

Nong-seng n'est ni ville ni même hameau; c'est la pleine brousse où l'on travaille tout le jour, « n'ayant pour tout repas qu'un bol de riz, le restant d'un peu d'herbe broutée par les buffles, puis un bon verre d'eau du Mé-kong »; pour tout lit, un petit matelas cambodgien, sans draps, et une couverture (Lettre d'une Sœur). C'est la vie d'abandon à la divine Providence.

En 1926, à Oubone, la Crèche compte 33 bébés; l'Orphelinat, 15 fillettes; le Pensionnat, une quinzaine d'élèves; l'Hospice, 16 malades; l'École paroissiale, 130 élèves. Il y a aussi un Hospice, un Dispensaire, un Noviciat indigène de Vierges chrétiennes. Les cinq Sœurs, dont trois indigènes, ont de quoi s'occuper.

A Nong-seng, mêmes œuvres et également prospères, menées par six Sœurs, dont quatre indigènes.

Une Sœur de Saint-Paul
baptisant un petit enfant chinois.

Crèche. — Oubone. — Laos.

CHAPITRE X

Le Japon.

Depuis le XVIIe siècle, il était interdit à tout Européen de mettre les pieds au Japon. Le 9 octobre 1858, notre plénipotentiaire en Chine, le baron Gros, avait pourtant obtenu de s'y rendre, avec un missionnaire comme interprète, pour signer un traité qui ouvrait au commerce français trois ports : Yokohama, Nagasaki, Hakodaté. La liberté religieuse était de plus accordée, avec des réserves, aux résidents étrangers. En 1865, une église catholique était ouverte à Nagasaki par le P. Petitjean, curé sans ouailles. Un mois après, le même Père avait l'étonnement et la joie de retrouver dans un groupe de quinze Japonais qui l'avaient abordé près de son église et suivi à l'intérieur, des descendants de chrétiens du XVIIe et du XVIIIe siècles qui, en dépit de terribles persécutions, s'étaient transmis secrètement d'âge en âge jusqu'à ce jour la foi catholique. Bientôt il découvrait tout un village demeuré chrétien de la même manière.

Mais de nouvelles et atroces persécutions sont déchaînées en 1865 et vont se prolonger pendant cinq ans. De tardives mais énergiques protestations de l'Europe y mettent enfin un terme, en 1873, et le mikado octroie la liberté religieuse. Le Japon est à ce moment divisé ecclésiastiquement en deux vicariats apostoliques. Or, celui du sud a pour vicaire apostolique Mgr Osouf qui, en 1877, demande à Chartres des Sœurs de Saint-Paul.

Le 28 mai 1878, les trois premières missionnaires du Japon arrivaient à Hakodaté, ville de 40.000 habitants parmi lesquels il y avait juste 200 chrétiens. Les premiers jours les enfants courent derrière elles en criant : des revenants ! des bonzesses ! Et ils leur jettent des pierres. Cependant les Sœurs fondent un Orphelinat, installent une petite pharmacie qui attire vite beaucoup de malades, puis une École d'externes où les aident deux maîtresses japonaises rétribuées par la Mission. Désormais on les apprécie et on les aime. Le Gouvernement japonais lui-même incline à la bienveillance.

Un Noviciat de Sœurs indigènes de Saint-Paul est ouvert à Hakodaté en 1894.

De nouvelles lois scolaires paraissent en 1898. Elles exigent entre autres choses un cours spécial pour la formation des maîtresses, qui constituera l'École secondaire. L'établissement des Sœurs a si bonne réputation dans la société et le monde officiel, que le gouvernement le reconnaît de suite — le premier de ceux que dirigent les étrangers — comme École secondaire. Le nombre des externes passe alors en quelques mois à 300. Puis, le 16 juillet, est ouvert un Pensionnat avec huit internes d'abord, trente bientôt, filles de commerçants et de fonctionnaires; et le chiffre ne cessera d'augmenter. Cinq maîtresses françaises et cinq indigènes donnent l'enseignement. En 1900, le maire préside la distribution des prix.

Très nombreux sont aussi les malades qui reçoivent les soins des Sœurs. A partir de 1902, un médecin japonais chrétien est attaché au Dispensaire.

Dans la nuit du 25 au 26 août 1907, un effroyable incendie détruit 15.000 maisons. Plus de 60.000 habitants sont dans la misère. On a dû se sauver dans la montagne où 4.000 personnes resteront longtemps à errer. Les Sœurs ont tout perdu. Les ruines ne se relèvent que lentement. Puis, le 13 août 1921, un incendie détruit tout de nouveau. Cette fois on rebâtit à l'européenne, avec des matériaux incombustibles.

Voici la statistique de 1926 : École secondaire, 228 élèves, dont 197 païennes. Dispensaire, 39.296 pansements. Visites aux malades, 4.787. Ont suivi les cours du catéchuménat, 22 indigènes. Baptêmes d'enfants, 25; d'adultes, 4.

Trois ans après la fondation de la maison d'Hakodaté, en 1881, des Sœurs de Saint-Paul, toujours à la demande de Mgr Osouf, arrivent à Tokio même pour tenir un Orphelinat et une École. L'évêque a bâti à leur intention dans le quartier

Elèves de l'Ecole secondaire. — Tokio. — Japon. — (Avant le cataclysme de 1923).

de Kanda. Mais dès 1884, il faut agrandir l'École. Dans l'année 1889, on compte parmi les élèves les filles du préfet, du sous-préfet, du maire, des officiers. Les Sœurs leur apprennent les langues, en particulier le français, les arts européens, les travaux ménagers.

Vers le même temps (1891), l'Orphelinat a, de son côté, 110 enfants avec deux Ouvroirs et des classes; de plus une vingtaine d'enfants sont placés en nourrice par les soins des Sœurs.

Une Sœur visite aussi les malades à domicile.

Le 5 juin 1890, a lieu dans l'établissement des Sœurs de Saint-Paul et dans la rue qui va de chez elles à la Mission, la première procession de la Fête-Dieu qu'on ait vue depuis des siècles au Japon. Européens et Japonais affluent à la cérémonie. Les ministres de France et d'Autriche sont là aussi, au tout premier rang.

Un violent tremblement de terre est ressenti le 28 octobre 1891; un autre, plus grave, le 20 juin 1894. Ce dernier fait beaucoup de victimes en ville; il n'y en a pas chez les Sœurs, mais leur maison est en partie détruite. On reconstruit plus en grand. Un typhon cause à son tour, en 1896, des dégâts considérables.

En septembre 1905, éclate dans la capitale une émeute qui est dirigée à la fois contre le Gouvernement et contre les étrangers, surtout contre les Français. Le 5, des pétroleurs mettent le feu en plusieurs points. Le danger est grand. Le 6 au matin, la supérieure envoie une partie des Sœurs à Yokohama avec les malades. A une heure de l'après-midi, un officier arrive avec des soldats, donne cinq minutes aux Sœurs pour s'habiller à la japonaise et les conduit précipitamment à la légation de France où elles passent la nuit. Le 8, elles rentrent dans leur maison; mais le 10, à la demande de la supérieure, quatre soldats viennent monter la garde. Puis, peu à peu, l'effervescence s'apaise et le travail reprend.

Le 13 février 1913, un incendie détruit presque tout le quartier de Kanda et un à un les bâtiments des Sœurs si péniblement construits et tout récemment terminés. C'est un coup bien rude. Trois jours de congé aux enfants, et l'on recommence dans un local d'emprunt, en attendant les nouvelles constructions qui, puissantes et spacieuses, défieront désormais, peut-on croire, tremblements de terre et incendies. Hélas ! le 1er septembre 1923, tout s'effondrait de nouveau dans l'affreux cataclysme que l'on connaît. Une Sœur de Saint-Paul, Sœur Joseph de la Croix, anglaise d'origine, ayant déjà vingt-trois ans de mission au Japon, y trouva la mort (1). Les œuvres étaient alors en pleine prospérité et riches d'espérances. Un moment désemparées, en raison de l'absence de leur Supérieure Principale, Mère Augustine-Joseph, alors en France pour le Chapitre de la Communauté, mais aidées avec beaucoup de sollicitude par notre ambassadeur à Tokio, M. P. Claudel, les Sœurs reprirent peu à peu, dans des locaux de fortune, toutes leurs œuvres, avec un courage bien digne d'admiration. En cette année 1927, Mère Joseph, étonnante de confiance et merveilleuse constructrice, est en train de rebâtir pour la troisième fois sa maison dans un quartier moins exposé que celui de Kanda.

Voici la statistique de 1926 : École secondaire, 431 élèves. École primaire, 322 dont 84 catholiques. École enfantine, 90. Des cours spéciaux ont été suivis par 250 dames ou jeunes filles. Visites de malades à domicile, 800. Baptêmes d'enfants, 200; d'adultes 50. Un Orphelinat, fondé en 1912, abrite 38 orphelines. Seize religieuses de Saint-Paul, dont quatre indigènes, assurent ce travail surhumain; il en faudrait, là comme ailleurs, la moitié plus.

Niigata est un port sur la côte occidentale du Japon, face à la Sibérie. Des Sœurs de Saint-Paul y arrivent en 1885. Les débuts sont difficiles. La blancheur de leur fichu et de leur cornette parle contre elles, car le blanc, au Japon, est la couleur du deuil; on les prend pour des conductrices d'enterrement ! Elles ne peuvent rien faire pendant un an, si ce n'est apprendre la langue. Enfin elles prennent contact, très difficilement d'ailleurs, avec les malades. Puis le succès devient tel que les 80 médecins japonais leur suscitent mille tracasseries.

(1) Un très dramatique récit de ces jours d'angoisses, écrit par une Sœur de la maison de Tokio, a été publié dans les *Annales des Sœurs de Saint-Paul de Chartres*, numéro de janvier 1924.

La loi japonaise permet à un particulier (à cette époque) d'adopter autant d'enfants qu'il veut, d'en disposer et de les établir à son gré. Des misérables ne rougissent pas d'adopter des adolescentes, puis de les vendre pour un lucre infâme, à la ville ou ailleurs, car on les exporte aussi. Pour en sauver le plus possible, les Sœurs fondent un Orphelinat avec Ouvroir. Elles ont bientôt une soixantaine d'enfants de quatre à seize ans, dont quarante au moins eussent été vendues sans cette œuvre. Ne pouvant légalement adopter elles-mêmes, elles le font sous le nom d'un généreux chrétien.

Les Sœurs ont aussi une École où l'on donne l'enseignement conformément aux programmes de l'Instruction publique. Plusieurs élèves conquièrent leurs diplômes et deviennent professeurs dans des écoles dirigées par des païens qui apprécient grandement leur tenue. En 1901, en raison d'une nouvelle grande réforme scolaire, toutes les écoles étrangères de Niigata sont fermées, à l'exception de celle des Sœurs de Saint-Paul. Le préfet leur fait savoir que leur établissement est enregistré désormais, non plus sous le nom d'Orphelinat, mais sous celui d'« École approuvée pour aider le Gouvernement ».

Les succès sont tels qu'en 1890 on bâtit une nouvelle maison. Les Japonais en suivent la construction avec curiosité et s'étonnent surtout devant les persiennes, les serrures, le mastic. De dures épreuves atteignent les Sœurs, entre autres un typhon qui oblige à d'énormes frais de réparations. Trois ans plus tard, ce sont des inondations successives dans toute la province qui détruisent les rizières et les provisions. La misère est grande. Puis c'est la guerre russo-japonaise qui fait passer une vague de haine contre les Européens. Mais les Sœurs de Niigata ont la bonne idée de travailler pour les soldats en confectionnant à leur intention des ouvrages de laine. On est sensible à ces délicatesses et on ne les inquiète pas.

En 1908, un incendie épouvantable détruit presque toute la ville et toute l'œuvre des Sœurs qui doivent se réfugier à Tokio avec leurs orphelines. Elles n'ont pu reprendre, à ce jour, leurs œuvres de Niigata.

Le 25 mars 1892, quatre Sœurs de Saint-Paul s'établissaient à Sendaï, ville commerçante de 90.000 habitants. Leurs premières sorties en ville provoquent des attroupements de curiosité tels que la police doit intervenir pour rétablir la circulation. On les examine longuement. « Ce sont des gens comme nous, seulement ils n'ont pas d'oreilles ! » Et pour mieux s'en assurer, un soldat — sans doute avait-il bu — arrache la coiffe d'une Sœur si violemment que les épingles qui fixent la cornette au bandeau lui entrent dans les chairs et ensanglantent sa tête. Un officier vient à la maison faire des excuses, et le soldat est condamné à mort. Consternation des pauvres religieuses qui, avec beaucoup de peine, obtiennent tout de même la grâce du coupable.

Des obstacles d'ordre administratif empêchent l'ouverture de la classe projetée. Alors les Sœurs étudient la langue et s'occupent des malades. Une petite Pharmacie est installée. La Sœur, préposée pour la diriger, reçoit, assise sur ses talons, à la japonaise, les clients qui viennent nombreux. D'autres visitent les malades jusqu'à dix lieues à la ronde. Le succès est considérable. Un païen, guéri, demande le portrait de la Sœur pour adorer cette divinité qui l'a arraché à la mort. Mieux instruit il se fait chrétien, et sa famille avec lui. Les médecins japonais suscitent par jalousie toutes sortes de tracasseries.

L'École ouvre enfin ses portes en avril 1893. Tous les dignitaires de la ville assistent à l'inauguration. De 50 à 60 élèves, dont plusieurs appartiennent aux meilleures familles païennes, la fréquentent immédiatement. Dans l'année 1894-1895, elles sont plus nombreuses encore. Même des jeunes femmes d'officiers, de juges, d'avocats, viennent suivre les cours de fleurs artificielles que donne une artiste païenne appelée exprès de Tokio. L'exposition des travaux eut un gros succès. Le préfet assista à la distribution des prix et félicita maîtresses et élèves.

Le 20 février 1897, se faisait sentir le premier tremblement de terre; il causa un vif émoi, et imposa 6.000 francs de dégâts à cette maison déjà si pauvre.

Les établissements des Sœurs ont continué à se développer.

En 1926, l'École secondaire avait 220 élèves. Au Dispensaire, on a compté 13.200 pansements et 12.050 visites de malades à domicile.

C'est également par les malades que les Sœurs de Saint-Paul commencent à Morioka où elles sont arrivées, comme à Sendaï, en 1892. Sœur Aspasie fait le « médecin d'Europe » et a tout de suite beaucoup de clients. Il faut bâtir, et en particulier, car les enfants affluent, une École supérieure. Elle est inaugurée solennellement le 1er juin 1893, en présence de toutes les autorités, des notables, des meilleures familles et des parents des élèves. La cérémonie commence par l'hymne impérial qui est écouté debout. Puis le délégué du Gouvernement donne lecture de l'acte par lequel est autorisée l'ouverture de cette école dans l'empire. Il adresse ensuite ses compliments personnels aux Sœurs et aux élèves pour les succès déjà remportés... Le tout se termine par un repas auquel assistent les dignitaires.

En plus des élèves qui suivent les classes proprement dites, des dames de la ville viennent prendre chaque semaine un cours de cuisine française; elles s'intéressent en même temps à notre civilisation et à la religion catholique. Une association d'anciennes élèves est aussi fondée dans la suite.

Lors d'une visite que fait à la ville de Morioka un prince d'empire, les compliments et les chants d'usage sont, à la demande de la municipalité, assurés par les élèves des Sœurs. Le prince, qui a tout observé, ne ménage pas ses félicitations aux religieuses françaises.

Dès le mois de septembre 1896, le courage et la patience des Sœurs sont mis à rude épreuve. La terre tremble si fortement que chacun peut croire sa dernière heure venue. A quatre lieues de Morioka, une montagne s'est effondrée et il en est sorti un torrent d'eau chaude qui emporte 3.000 maisons et fait 230 victimes. L'établissement des Sœurs est gravement endommagé.

Puis en 1902, c'est un incendie qui prend on ne sait comment et détruit complètement l'École. Mais les classes continuent dans des locaux improvisés en attendant qu'on ait reconstruit.

7

Statistique de 1926 : École secondaire, 260 élèves. Malades visités à domicile, 3.414; soignés au Dispensaire, 2.799; secourus, 6.912. Baptêmes d'enfants, 20; d'adultes 42.

Yatsushiro est le chef-lieu d'un district de même nom où près de 100.000 chrétiens ont été jadis massacrés. Quelques familles, exilées ou réfugiées dans les montagnes, ont cependant su, là aussi, conserver la vraie foi. Trois Sœurs de Saint-Paul arrivent dans cette ville en mai 1900. La première chose qu'elles trouvent dans la pauvre maison que le Père a louée pour elles, c'est un serpent long de plus d'un mètre. Elles commencent par enseigner aux dames et aux jeunes filles japonaises les ouvrages européens. Puis un Dispensaire est installé. On y vient de partout et de très loin. Mais un typhon renverse à peu près tout ce qu'on avait progressivement édifié. Un nouvel et vaste immeuble est alors construit. Les épreuves ne manquent pas : épreuves physiques, car la sécheresse rend la vie très pénible; épreuves morales dont le dévouement près des malades est l'origine. Quarante médecins s'acharnent contre les Sœurs qui se voient menacées de la prison et de la fermeture de leur Dispensaire. Un médecin accepte enfin de les couvrir en venant passer chaque jour quelques heures dans l'établissement. Tout se calme peu à peu.

Voici la statistique de 1926 : Orphelinat, 23 enfants. Ouvroir, 40 jeunes filles. Hôpital (reconnu maintenant par le Gouvernement), 25 malades, 32 lépreux. Dispensaire 7.643 consultations. Baptêmes 50, en 1925. Visites de malades à domicile, 554. A l'École ménagère supérieure (ouverte en 1909) 243 élèves ont suivi les cours.

CHAPITRE XI

La Corée.

Introduit en Corée au xviiie siècle, le christianisme y a été dès le commencement violemment persécuté. Là encore le sang des martyrs a coulé à flots. L'accès du royaume était d'ailleurs interdit à tout étranger. Aussi les missionnaires qui s'y aventuraient étaient-ils, de par leur titre même, hors la loi et obligés de se cacher. Plusieurs versèrent généreusement leur sang pour la foi. En 1882, la Corée ouvrait enfin ses portes aux étrangers, et quatre ans plus tard, la liberté religieuse était garantie aux Français qui y résidaient. C'était un pas important vers la liberté complète.

Or, le 22 juillet 1888, à la demande de Mgr Blanc, alors évêque apostolique de Corée (1), quatre Sœurs de Saint-Paul de Chartres débarquaient au port de Chémulpo et de là gagnaient Séoul, la capitale, en chaise à porteurs. Elles avaient à prendre dans cette ville la direction de la Sainte-Enfance fondée depuis quelques années par les Pères des Missions Étrangères de Paris auxquels la Corée avait été confiée en 1831.

D'autres Sœurs viennent successivement remplacer les malades ou les mortes, car le climat est dur — il fait très froid l'hiver — et l'on est bien pauvre; aussi en quelques années cinq Sœurs sont emportées.

L'Orphelinat compte dès les débuts 80 garçons et 60 filles, enfants abandonnés ou dont la mère est morte ou veuve. Il faut pourvoir à leur nourriture et leur apprendre à travailler pour les mettre en état de gagner leur vie.

En 1894, les Sœurs fondent un second établissement à

(1) La Corée est aujourd'hui divisée en trois vicariats apostoliques et un quatrième est en formation. Voir sur cette Mission : *Le Catholicisme en Corée*, par les Pères des Missions-Étrangères de Paris.

Chémulpo. Le commandant Reculon, dont le bateau, *L'In-constant,* mouille dans le port, leur vient en aide de son mieux. Ses marins, émus de la détresse de leurs « payses », bâtissent eux-mêmes et arrangent avec entrain leur maison. Chaque jour, outre la nourriture qu'il leur faut pour eux-mêmes, ils apportent des provisions pour les Sœurs.

En 1898, est consacrée définitivement la cathédrale de Séoul, en présence de 40 missionnaires, des ministres des diverses légations étrangères, des nobles coréens et d'un grand con-cours de peuple. C'était un événement dans ce pays qui sortait à peine des persécutions et où la paix religieuse res-tait encore précaire. La cloche surtout intrigua et émerveilla.

Citons, en 1901, ce curieux épisode. Au sud de la Corée, dans l'île Quelpaert, les sorciers jaloux ont soulevé les païens contre les chrétiens dont plusieurs ont été massacrés. Les deux missionnaires se sont réfugiés chez le mandarin; ils y sont fort peu en sécurité. Le ministre de France à Séoul, dès qu'il est mis au courant de ces événements, prévient l'ami-ral Pottier qui commande l'escadre française. Celui-ci pre-nant à bord le vicaire apostolique, Mgr Mutel, se rend en vue de l'île révoltée. Après quelques coups de canon tirés en guise d'avertissement, l'évêque descend sous bonne escorte et va consoler les chrétiens survivants et délivrer les deux missionnaires. Cela fait, l'amiral, les officiers et les mu-siciens de l'équipage reconduisent Monseigneur à Séoul en grande solennité. Ils restent là trois jours, logés à la Mission, dans la maison qui sert de retraite aux prêtres. Les repas se prennent chez les Sœurs. L'une d'elles a écrit du séjour de nos soldats ce récit pittoresque : « Trois jours de fête pour les marins de chez nous ! Quel plaisir de recevoir ces bons Français, de les entendre parler de la patrie, de leur famille, de leur retour plus ou moins proche ! Ils paraissaient heureux de circuler dans la Sainte-Enfance comme chez eux. Ils se mêlaient aux enfants qui, au lieu d'avoir peur d'eux et de les fuir, allaient tout souriants à leur rencontre. Vous devinez si nos Sœurs ont soigné leur cuisine, et si c'était pour elles un plaisir de les gâter ! — Quel étonnement pour nous, disaient-ils, de trouver en Corée des religieuses, et quelle joie que ces religieuses soient françaises ! Vrai, vous êtes des Sœurs patriotes. Aussi vous allez entendre tout à l'heure le concert que l'on va vous donner, à vous, pour vous. — Au beau milieu de la véranda du bâtiment européen, les musiciens sont installés. Sous la véranda de l'aile droite, Monseigneur, les officiers, les invités, les missionnaires, les Sœurs françaises. Sous la véranda de l'aile gauche se tiennent les Sœurs de Corée et tout le Noviciat. En face, séparés par la cour, sous la véranda du premier étage, nos chers enfants plus heureux que des rois ! A dessein nous avions laissé le portail ouvert, si bien qu'en peu de temps la cour fut envahie et remplie. C'était vraiment une belle vision. Et quand les premiers sons merveilleux sortirent de ces instruments où soufflaient des bouches, nos Coréens cherchaient à comprendre comment les Français pouvaient dire des choses si belles rien qu'en approchant de leurs lèvres ces instruments inconnus... Ce fut pour tous les auditeurs et pour nous, chartraines, une après-midi inoubliable dans une sorte de fierté patriotique et de familiale douceur. Le troisième jour qui était un dimanche, il y eut messe en musique à la cathédrale, puis, le soir, après un morceau exécuté en plein air pour les adieux, nos bons marins retournèrent à leur navire, emportant des paniers de fruits, témoignage de l'admiration et de la reconnaissance des Coréens de Séoul et laissant derrière eux comme un parfum de la patrie si doux à respirer sur la terre étrangère. »

On sait que la Corée a été annexée au Japon en 1910. Depuis c'est la paix et la liberté complètes.

Une nouvelle Sainte-Enfance et un second Noviciat ont été ouverts en 1925, à Taikou, dans la Corée du sud.

État actuel. — En 1926, l'Orphelinat-Ouvroir de Séoul comptait 145 enfants et jeunes filles; l'École indigène, 230 élèves. Près de 5.000 malades ont passé au Dispensaire; 328 ont été visités à domicile. Il y a eu 400 baptêmes d'enfants; 12 mariages chrétiens ont été préparés par les Sœurs.

A Chemulpo : Orphelinat, 40 enfants; École indigène,

400 élèves; Dispensaire, 3.600 consultations; 400 malades
ont été visités à domicile; Baptêmes d'enfants, 170.

A Taikou, l'Œuvre, quoique récente, est déjà florissante.
A la Crèche, une douzaine de bébés; à l'Ouvroir, 44 fillettes;
à l'École indigène, 200 élèves. Le Noviciat est plein d'espérances.

Des Écoles paroissiales indigènes, ont également été éta-
blies dans huit autres localités, ce qui, avec les trois mention-
nées plus haut, en fait onze à ce jour, représentant une population scolaire de plus de 1.800 enfants. Toutes sont tenues
par des Sœurs indigènes de Saint-Paul.

Sainte-Enfance. — Achat de bébés.

CHAPITRE XII

Les Philippines.

C'est à la demande de Mgr Rooker, évêque (américain) d'Iloilo, que les Sœurs de Saint-Paul sont entrées, en 1904, aux Philippines. Leur première maison fut Dumaguète, ville de 14.000 habitants, où elles avaient à prendre la direction d'un Collège indigène de jeunes filles que l'évêque venait de fonder. Leur arrivée fut saluée avec un pieux enthousiasme. Toutes les cloches sonnèrent, et jouèrent les fanfares, tandis que la foule criait (en espagnol) : « Vivent les Sœurs de la Sainte-Enfance ! »; appellation spontanée bien justifiée pour désigner les Filles de Saint-Paul de Chartres dans l'Extrême-Orient.

Le Collège compte aujourd'hui (1926) 350 élèves. Outre les classes, les religieuses font des cours de catéchisme que suivent non seulement les enfants, mais encore des centaines (on en a compté un millier en 1923 et en 1925) de grandes personnes, surtout de la campagne, car l'ignorance religieuse est grande dans ce peuple, comme est grande aussi la bonne volonté. Il n'y a d'ailleurs qu'un seul prêtre pour la ville, et il n'y en a pas dans la campagne.

A la demande de Mgr Dougherty — futur cardinal de Philadelphie (États-Unis) et sincère admirateur des Sœurs de Saint-Paul — sept nouvelles religieuses viennent, en 1905, à Vigan, chef-lieu de la province Ilocos-Sur. La ville est située entre la mer et la montagne, aussi le paysage est-il superbe. L'œuvre à diriger est également un Collège indigène. Le nombre des élèves atteint aujourd'hui 250. Cet établissement est reconnu par le Gouvernement américain, ce qui confère aux religieuses le droit de faire passer elles-mêmes et chez elles les examens et de donner les diplômes officiels.

Dans le courant de mars 1905, dix-huit des vingt Filles de

Saint-Paul qui avaient dû abandonner l'Hôpital militaire de Saïgon, laïcisé par le Gouvernement français, arrivaient à Manila, capitale des Philippines, où les avaient appelées l'archevêque, Mgr Harty, pour tenir le vaste Hôpital qu'il achevait de construire. Une École d'infirmières diplômées (nurses), également sous la direction des Sœurs, y fut peu après adjointe; en 1926, elle comptait une soixantaine d'étudiantes.

Les Sœurs visitent aussi les détenus de la prison et, deux fois la semaine, le lazaret où sont 230 lépreux. Mais, dans le courant de cette même année 1905, ces derniers sont transportés dans l'île de Culion. C'est là, depuis, que sont obligatoirement envoyés et isolés tous les lépreux des Philippines. Un bateau, uniquement affecté à ce service, fait périodiquement le tour de l'archipel, et recueille les malheureux atteints par l'inexorable mal. Il y a aujourd'hui à Culion 5.700 lépreux. Dès 1906, des Sœurs de Saint-Paul se sont rendues dans l'île pour se dévouer à leur service et partager en quelque sorte leur sort en tenant l'Hôpital.

Un Noviciat indigène de Sœurs de Saint-Paul a été ouvert, également à Manille, en 1910, ainsi qu'un Externat-Pensionnat. L'un et l'autre sont en pleine prospérité. Au début de 1927, il y avait au Noviciat — outre les Novices proprement dites — 36 Postulantes; et 23 demandes d'admission avaient été adressées pour le mois de mai. L'École a dépassé le chiffre de 550 élèves, en 1925. La place manque dans ces deux maisons; il faut bâtir.

En 1907, sept Sœurs de Saint-Paul ouvrent à Tuguegarao, chef-lieu de la province de Cagayan et depuis peu siège d'un évêché (18.000 habitants), le Collège indigène de la Mission. Il a aujourd'hui 300 élèves. Le nombre varie d'ailleurs très sensiblement selon les années, à savoir selon que plus ou moins abondante a été la récolte de tabac; car la province de Cagayan, avec celle d'Isabella qui lui est contiguë, est par excellence la terre du tabac des Philippines, et la population, très insouciante, vit et dépense au jour le jour. Beaucoup de tabac, beaucoup d'enfants à l'école; et le contraire les années mauvaises. Ce qui n'empêche pas le bien de se

Léproserie. — Culion. — Philippines. — Une salles de malades.

faire. De 1907 à 1926, treize anciennes élèves du Collège sont entrées au Noviciat de Manille.

En 1911, les Filles de Saint-Paul reçoivent la direction de l'important Hôpital d'Iloilo où, en 1925, sont passés 1.887 malades.

A Aparri, également dans la province de Cagayan, mais sur la mer, ouverture, en 1924, d'une École diocésaine tenue par les Sœurs de Saint-Paul. Plus de 200 élèves la fréquentent déjà.

Pour donner au moins une petite idée de la somme de dévouement que suppose la vie aux Philippines, disons qu'outre les fatigues et difficultés inhérentes au climat et à toute œuvre d'apostolat, il y a souvent à subir de terribles typhons, la baie de Manille étant appelée le « berceau des typhons » (ce qui vaut d'ailleurs à la capitale même d'être moins éprouvée); qu'on y parle de nombreuses langues, dont l'anglais qui est maintenant la langue officielle, obligatoire dans les écoles, l'espagnol qui, avant l'occupation américaine (1898) tenait la place que tient actuellement l'anglais, plus une trentaine de dialectes que les Sœurs, sans doute, n'ont pas à apprendre, mais que parlent encore les enfants du peuple, hors des villes surtout, ce qui complique singulièrement l'enseignement, y compris l'enseignement religieux.

Arrêtons-nous un instant, pour finir, dans l'île des lépreux, Culion. Nous ne raconterons pas, nous citerons seulement le témoignage d'une Américaine, qui a vu et qui a dit ses impressions dans la revue *Asia* (septembre 1925) : « Un sentiment d'admiration respectueuse me pénétra, tandis que je regardais les Sœurs de Saint-Paul de Chartres faisant tranquillement leur besogne. Un mot échappé à l'une d'elles fut comme une lueur projetée sur toute sa vie. Elle avait d'abord été envoyée aux Pénitenciers de la Guyane Française, puis à Culion. Je lui demandai s'il y avait longtemps qu'elle était là. — Onze ans, me répondit-elle. — Et comme je disais que cela me paraissait fort long : Non, répliqua-t-elle fermement, pas quand on a du bien à faire.

« L'œuvre des Missionnaires catholiques parmi les lépreux est toute d'abnégation. Les Sœurs s'y dévouent depuis vingt ans, c'est-à-dire depuis la fondation de la colonie (1906). Ne se contentant pas de donner leurs soins, de faire tous les pansements, elles ont plus d'une fois assumé les rôles de chirurgien et de dentiste.

« On comprend à quel degré il faut pousser le mépris du danger et l'oubli de soi pour s'acquitter journellement d'une tâche aussi répugnante que dangereuse. Il y a près de deux ans, Sœur Clotilde mourut subitement d'une infection contractée au chevet de ses malades, après dix-huit ans de séjour à Culion.

« En plus des soins qu'elles donnent sans compter à ces infortunées victimes de la lèpre, les Sœurs distribuent largement à leurs âmes les consolations et secours spirituels, car elles ne sont pas de la terre, mais du ciel.

« Aucune Sœur de Culion n'a revu le cher pays de France !... En contemplant leur douce physionomie, on se demande même si leur héroïque dévouement leur permet seulement de penser qu'il y a encore une Patrie pour elles !... »

*
* *

Il faut maintenant mentionner, pour le grave enseignement qu'il contient, un épisode tout récent de l'histoire des Sœurs de Saint-Paul de Chartres. En avril 1927, parce qu'elles ne pouvaient accroître leur nombre jugé insuffisant, elles ont dû se retirer de l'Hôpital de Manille et céder la place aux Sœurs américaines de Maryknoll (États-Unis). Or, ce fait, qu'on le veuille ou non, n'est, après bien d'autres, qu'une fatale et (du point de vue français) combien regrettable conséquence des luttes religieuses dans notre pays, en particulier des lois dites de laïcisation qui, en jetant un trouble profond dans les esprits, en arrachant surtout les religieux et les religieuses de l'École, ont contribué à entraver considérablement — parfois à tarir — le recrutement des Congrégations françaises. La chose est patente pour Saint-Paul de Chartres, Communauté autant enseignante, de par son but et ses origines, qu'hospitalière et missionnaire. En 1900, son Noviciat principal de la Maison-Mère comptait 170 Novices et

Postulantes; il en a de 50 à 60 aujourd'hui. Comment, avec ce nombre restreint, faire face aux charges glorieuses laissées par le passé, ce passé tout proche encore et qui paraît si loin, puisqu'il nous reporte aux jours heureux où fleurissait chez nous — bien relative pourtant — la liberté scolaire?

Vraiment, la France a-t-elle trop d'amis à l'étranger? Car si leur objet direct et premier n'est certes pas de travailler pour leur propre pays mais pour l'Église, pour le bien spirituel — et matériel et moral ! — des peuples où ils servent, qui ignore qu'en fait nos missionnaires comptent parmi les meilleurs agents de l'influence française? N'est-ce pas ce que reconnaissait, après bien d'autres, M. Varenne, gouverneur de l'Indo-Chine, qui, le 28 août 1926, lors d'une visite aux établissements français de Bangkok, disait aux Filles de Saint-Paul et à leurs élèves du Pensionnat Saint-Joseph : « ... Toutes ces décorations (de la maison en fête) me rappellent la Mère-Patrie, la grande et noble France, dont la civilisation et la morale font le principal but de votre instruction. France et Religion d'ailleurs sont synonymes. L'éloignement même de ma terre natale me fait apprécier davantage le spectacle charmant que j'ai sous les yeux, et je ne regrette qu'une chose, c'est que d'autres ne puissent jouir de la même satisfaction... Votre œuvre, Mesdames, est une œuvre essentiellement française et de la plus haute valeur morale et pédagogique. Les familles du plus haut rang vous confient leurs enfants, mais vous étendez votre généreux dévouement jusqu'aux orphelines, aux pauvres déshéritées de la vie qui n'ont plus d'affection. Au nom de la France que vous servez si bien, je vous remercie. »

Paroles pleines de délicatesse, certes, et bien françaises. Mais alors? Comment feront-ils connaître et aimer la France, sa langue, sa civilisation, ces religieux dont on admire l'œuvre à l'étranger, s'ils sont mis chez eux dans l'impossibilité de droit ou de fait de se recruter?

N'y a-t-il pas, par ailleurs, une étrange, une blessante anomalie à voir les Filles de Saint-Paul de Chartres, par exemple — puisque c'est d'elles qu'il s'agit dans ce livre — enseigner librement, dans leur costume religieux, en Angleterre, en

Belgique, en Suisse, aux Philippines, terre américaine, au Siam, au Japon, même dans les colonies françaises d'Extrême-Orient; puis à constater que dans leur patrie, leur seule patrie, on leur dénie ce droit? Prétendons-nous donc avoir raison contre le monde civilisé... et contre nous-mêmes?

Oui, anomalie blessante et, nous l'avons dit, grave de conséquences.

Que tous ceux, quels qu'ils soient, qui ont un souci sincère du beau renom de la France, de la liberté et de l'avenir réfléchissent et osent agir. Notre honneur, et aussi notre intérêt commun sont en cause.

*
* *

Et que par l'exemple que nous avons brièvement évoqué à l'occasion de ce bi-centenaire mémorable, les âmes que tente le rêve d'une existence — si brève et si précieuse! — saintement employée, apprennent comment on peut comprendre et comment se mène une belle vie.

TABLE DES MATIÈRES

Imp. de Montligeon, La Chapelle-Montligeon (Orne). — 18.791-2-28